ALAIN ROY

40 FAÇONS DE PARLER DE DIEU

Préface du cardinal Jean-Claude Tucotte,
archevêque de Montréal

D1342348

NOVALIS

40 façons de parler de Dieu est publié par Novalis.

Révision : Chantal Bousquet

Mise en pages et couverture : Infoscan Collette, Québec

Photo de la couverture : © Saniphoto | dreamstime.com

© 2009, Les Éditions Novalis inc.

Novalis, 4475, rue Frontenac, Montréal (Québec) H2H 2S2
C.P. 990, succursale Delorimier, Montréal (Québec) H2H 2T1

Dépôts légaux : 2ᵉ trimestre 2009
      Bibliothèque nationale du Canada
      Bibliothèque nationale du Québec

ISBN : 978-2-89646-113-4

Nous reconnaissons l'aide financière du gouvernement du Canada
par l'entremise du Programme d'aide au développement de l'industrie
de l'édition (PADIÉ) pour nos activités d'édition.

Cet ouvrage a été publié avec le soutien de la SODEC. Gouvernement
du Québec – Programme de crédits d'impôt pour l'édition de livres –
Gestion SODEC.

Imprimé au Canada

**Catalogage avant publication de Bibliothèque et Archives nationales
du Québec et Bibliothèque et Archives Canada**
Roy, Alain, 1955-
40 façons de parler de Dieu
    ISBN : 978-2-89646-113-4
    1. Dieu – Enseignement biblique.   2. Bible. N.T. Évangiles –
Actualisation. I. Titre. II. Titre : Quarante façons de parler de Dieu.

BS2398.R69 2009   231   C2009-940071-5

NOVALIS

Préface

Comment parler de Dieu aujourd'hui ? C'est une question que se posent les catéchètes, les prédicateurs et les homélistes, les personnes qui ont charge d'éduquer à la foi. Tous savent par expérience que les concepts ne sont pas les chemins les plus sûrs pour pénétrer dans le monde de la foi ou pour traduire l'expérience de la vie chrétienne.

C'est cette constatation qui a mené à l'écriture de ce petit ouvrage. L'auteur, M. l'abbé Alain Roy, a voulu partager sa vaste expérience de communicateur dans le domaine de la foi. Nourri par le ministère pastoral diversifié qu'il a exercé (curé, prédicateur, professeur, responsable diocésain de la pastorale jeunesse et directeur diocésain du Service de pastorale liturgique de Montréal), il a pu vérifier la force et la richesse des métaphores, des comparaisons, des paraboles et des histoires pour parler de Dieu, de la foi et de la vie chrétienne. Il a rejoint en cela les auteurs bibliques qui ont souvent utilisé les images, les symboles et les paraboles pour révéler Dieu. Et qui mieux que Jésus a utilisé cette façon de faire pour nous parler par paraboles du Royaume de Dieu et nous révéler son Évangile à partir du riche insensé, de l'ami qui se laisse fléchir, du figuier stérile, des invités remplacés par les pauvres, du pharisien et du collecteur d'impôts. Ainsi, en notre mémoire, restent vivantes les histoires de l'enfant prodigue, du riche et de Lazare, du bon Samaritain ou de Zachée.

Cette approche pédagogique ancienne est nouvelle pour plusieurs, car notre formation a privilégié avant tout les concepts, les idées, les explications abstraites. À la lecture des pages de ce livre, on apprend à donner une place à l'inventivité, à l'observation du quotidien, aux expériences de vie, aux histoires. Alors, une paire de rames nous parle de la vie spirituelle, la truite du chrétien en ce monde, une femme enceinte de l'Église... Les objets les plus familiers nous découvrent une signification insoupçonnée. La pièce de cinq cents et son castor nous révèlent l'Esprit saint, le vélo et la dynamo, la foi, la vieille pompe à eau, le sacrement du pardon. Les plantes, comme l'orchidée ou le polygonium, nous disent quelque chose de Dieu et de notre relation avec lui.

De plus, nous savons combien les histoires et les contes trouvent un public attentif composé non pas uniquement d'enfants. Qui n'aime pas entendre des histoires ou des récits ? Ici, l'abbé Roy se fait parfois conteur. L'âne et le puits, le moine et la pierre précieuse, le miroir et la fenêtre, sont autant de petits extraits de vie qui deviennent riches d'enseignement sur les critiques adressées aux chrétiens, la liberté intérieure, le piège de l'argent. Enfin, nous trouvons des paraboles créées par l'auteur qui, à nouveau, nous aident à comprendre le sacrement du pardon, le Royaume de Dieu, le regard de Dieu sur nous ou d'autres dimensions de la foi et de la vie chrétienne.

En parcourant les pages de cet ouvrage, vous découvrirez d'autres réalités devenues la porte qui ouvre sur une compréhension de Dieu ou de la vie de foi. Le comment faire pour y arriver, qui nous semblait parfois si difficile à découvrir, trouve ici une réponse à la portée de tous.

Je me réjouis qu'un tel ouvrage paraisse. Je suis assuré qu'il sera d'un bon secours aux éducatrices et aux éducateurs à la foi, quels que soient leurs domaines d'activité.

† **Jean-Claude cardinal Turcotte,**
archevêque de Montréal

Introduction

Fin pédagogue, Jésus parlait souvent en images. Devant son auditoire rassemblé dans les prés de Galilée, il comparait les effets de sa prédication aux différents sorts que connait le grain lancé par l'agriculteur. Aux pêcheurs du lac de Tibériade, il propose le parallèle entre le Règne de Dieu et un filet de pêche qu'on tire de la mer pour en trier le contenu. Il provoque les Pharisiens de Jérusalem par une insupportable comparaison entre eux et les sépulcres blanchis à la chaux, comme on en voit encore aujourd'hui dans le cimetière en bordure de la Ville sainte. Ils sont élégants en apparence, mais remplis de pourriture. Avec les villageois, il évoque la puissance étonnante du Règne de Dieu en le comparant à du levain qu'une femme enfouit dans la pâte de son pain pour le faire lever. Pour appeler à la conversion, il multiplie les paraboles, ces petites histoires inventées pour laisser ses auditeurs avec une interpellation. Pour encourager à l'abandon entre les mains du Père, il cite en exemple les oiseaux du ciel qui ne se soucient pas de leur apparence ou de leur pitance. Le cardinal Godfried Danneels goûte cette pédagogie divine :

> « Il est clair que Dieu, quand il s'est révélé, ne s'est pas révélé en concepts, Il s'est révélé en images et en symboles, qui sont toujours plus riches que les concepts, et il s'est révélé dans la personne de Jésus-Christ. Le concept détermine et clôt, tandis que l'image suggère. Et c'est pourquoi

lorsque Jésus, l'ultime révélation de Dieu, parle du Royaume
de Dieu, il ne donne jamais de définitions et n'utilise jamais
de concepts pour dire ce qu'est le Royaume en question, il
raconte des paraboles[1]. »

Les chercheurs de Dieu d'aujourd'hui sont eux aussi
friands d'images, de comparaisons, d'histoires ou de symboles pour suivre la piste du Dieu vivant. Ils passent une
bonne partie de leur temps devant un écran de télé ou d'or-
dinateur qui les bombarde d'images. C'est par ce biais qu'il
faut les prendre si on veut leur parler de Dieu. Mon expérience pastorale m'a appris que l'humain des temps modernes
apprend par mode symbolique, c'est-à-dire, que pour lui
parler, il faut partir de ce qu'il connaît pour aller vers ce
qu'il ne connaît pas, de ce qui est visible pour aller vers l'invisible, de l'humain pour aller vers le spirituel, du concret vers
l'abstrait. Malheureusement, nos prédications empruntent
souvent le chemin inverse. Elles multiplient les abstractions,
les idées et les concepts. Elles s'appliquent rarement à la vie
quotidienne et transmettent peu le goût de Dieu.

Quand on les émaille d'images ou de comparaisons, de
symboles ou de paraboles modernes, de métaphores ou
d'allégories, les homélies, les catéchèses, les prédications de

---

1. Godfried DANNEELS, *N'éteignez pas le Souffle, Entretiens avec Dennis Gira,*
Paris, Bayard, 2007, p. 28.

retraite et même l'accompagnement spirituel sont plus effi-
caces et intéressent les auditeurs. C'est pourquoi, au gré
de mes lectures et de mes méditations personnelles, j'en ai
glané un bon nombre. Je vous les propose pour qu'ensemble,
nous servions mieux la Parole et le mystère de Dieu.

La pièce de 5 cents

Prenez une pièce de 5 cents. Qu'y voyez-vous ? Un CASTOR.

Quand je vais à la pêche, parfois je me fais surprendre par un castor. Je ne me doute pas qu'il est là, car il est silencieux et discret, mais il travaille sans cesse. Il coupe du bois, le transporte sur de longues distances, érige des barrages, colmate des brèches.

Personne ne le voit faire, sauf que soudain, sans que personne ne s'y attende, il plonge en donnant un retentissant coup de queue qui claque sur l'eau. Surpris, je me retourne et je m'aperçois qu'il y avait effectivement un castor. Il avait travaillé dans l'ombre pendant des heures, mais je ne l'ai remarqué qu'au coup d'éclat que fit sa queue en plongeant.

L'Esprit saint est un castor. Il travaille sans cesse à insuffler du courage, à inspirer des idées, à établir de la communion entre des personnes, à provoquer des réconciliations, à donner le goût de prier, de se rassembler, de servir les pauvres. Il provoque des revirements en réponse à des prières, il transforme des cœurs, il assouplit des volontés. Il répand le goût de la Parole de Dieu. Tout cela se fait dans l'ombre. On ne devine alors pas sa présence jusqu'à ce qu'il provoque un coup d'éclat : il fait jaillir un Jean-Paul II, une Mère Teresa, des Journées mondiales de la jeunesse, un concile et quoi d'autre. Ce sont comme de grands coups de queue de castor, mais la plupart du temps, il est discret et efficace. L'Esprit est humble : il n'a pas besoin de se faire remarquer et de faire parler de lui. Il aime agir dans l'ombre. Son rôle consiste à donner corps à Jésus. Il l'a fait d'abord en Marie selon la promesse de l'ange Gabriel. À l'objection de Marie qui se demandait comment cette annonce se réaliserait puisqu'elle n'avait pas connu d'homme, l'ange répondit : « L'Esprit saint viendra sur toi et la puissance du Très-Haut te prendra sous son ombre. » (*Lc* 1, 35). L'Esprit donne aussi corps à Jésus dans l'eucharistie. Lors de la première épiclèse, le président demande au Père l'intervention de l'Esprit : « Sanctifie ces offrandes en répandant sur elles ton Esprit ; qu'elles deviennent pour nous le corps et le sang de Jésus, le Christ, notre Seigneur. » (Prière eucharistique nᵒ II). Enfin, l'Esprit donne corps à Jésus dans l'Église et cela se manifeste aussi dans la prière eucharistique à l'occasion de la seconde épiclèse : « Humblement, nous te demandons qu'en ayant part au corps et au sang du Christ, nous soyons rassemblés par l'Esprit saint en un seul corps. » (Prière eucharistique nᵒ II). C'est en nous que l'Esprit saint continue son œuvre. Il nous fait donner corps à Jésus.

Pour vous rappeler qu'il est avec vous et vous précède, gardez donc une pièce de 5 cents sur vous...

Parabole
du **diamant**
et de la **rose**

Un homme possédait un diamant très rare d'une valeur de deux millions de dollars.

Un jour, voulant le montrer à des amis, il s'aperçut qu'une égratignure s'était faite sur le diamant.

Éploré, l'homme fit le tour de tous les joailliers et diamantaires les plus réputés pour faire effacer cette égratignure. Rien à faire, répondirent-ils. Aucune technique ne permettait d'effacer cette égratignure sans altérer le diamant. Le bijou semblait bien avoir perdu toute sa valeur.

L'homme fit un dernier essai chez un artisan qui regarda le bijou et dit à son propriétaire de revenir le lendemain.

De retour vingt-quatre heures plus tard, l'homme prit son diamant dans ses mains et constata que l'artisan n'avait pas effacé l'égratignure. Il avait plutôt allongé la ligne déjà gravée dans le diamant pour en faire la tige d'une rose très belle.

L'homme fit évaluer son diamant maintenant orné de cette rose : on lui en offrit six millions de dollars. Trois fois sa valeur originale !

Dans nos vies, il se produit la même chose. Parfois, nous faisons des erreurs, des gaffes que nous ne pouvons effacer. Mais si nous les montrons au Seigneur, le Grand Artisan, lui saura utiliser cette égratignure pour faire tripler notre valeur. Chaque fois que nous allons célébrer le sacrement du pardon, rappelons-nous que nous avons tout intérêt à exposer nos fautes au Seigneur. Lui les regarde autrement et sait les faire concourir à notre bien.

Petite
parabole-maison
sur le pardon

Un homme aimait beaucoup la pêche à la truite. Au printemps, très tôt, alors que l'eau est encore très froide, il part en chaloupe avec ses deux fils. Le plus vieux en avant, sur la pointe de la chaloupe, le plus jeune sur le banc du milieu. Le père est assis derrière et conduit le moteur hors-bord.

Après une heure de pêche infructueuse, le plus jeune sent le besoin de se lever. Hyperactif, il va d'un côté à l'autre de la chaloupe. Son père lui dit de s'asseoir, qu'il va déranger le poisson. Le cadet continue, c'est plus fort que lui. À gauche, à droite, il risque de faire verser la chaloupe, il se penche au-dessus de l'eau pour voir son visage dans l'eau, il monte debout sur son banc, redescend, se penche de nouveau au-dessus de l'eau. Son père a beau l'avertir du danger de tomber à l'eau, rien n'y fait.

Tout à coup, ce qui devait arriver arrive. Le cadet tombe à l'eau. Immédiatement saisi par la froideur de l'eau, il fige et commence à couler, car il s'était défait de son gilet de sauvetage. Son père ne fait ni une ni deux, il se jette dans l'eau glaciale, risquant sa propre vie. Il saisit de justesse son fils et le ramène près de la chaloupe. Mais il ne peut le hisser lui-même à bord. Il demande à l'aîné d'aider son frère à monter.

« Pas question ! répond ce dernier. Il a eu ce qu'il méritait. Il ne t'a pas écouté, tant pis pour lui. Moi, j'ai fait ce que tu demandais, j'ai été prudent, je suis au sec. C'était à lui de faire pareil ! »

Le père insiste.

L'aîné répond : « On sait bien, c'est ton chouchou ! Pas question ! » Le père finit par faire grimper le cadet dans l'embarcation et par reprendre lui-même sa place. On peut imaginer le climat tendu dans la chaloupe.

Le père ne s'est-il pas comporté comme un bon père ? Peut-on lui reprocher d'avoir voulu sauver son fils cadet turbulent et désobéissant ? Qui ne l'aurait pas fait à sa place ? Et alors, que penser du fils aîné ? N'aurait-il pas dû tendre la main à son frère pour le sauver ? Cela tombe sous le sens, direz-vous. Ce fils aîné est un sans-cœur !

Relisez maintenant la parabole de l'enfant prodigue (aussi appelée parabole du père miséricordieux). Beaucoup de chrétiens disent comprendre la réaction du fils aîné dans cette parabole. Ils croient comme lui qu'il a été traité injustement et que le père n'aurait pas dû se réjouir de la sorte de voir revenir le cadet. Pourtant, il s'agit de la même situation que celle de la parabole de la chaloupe. Un père voudrait que son aîné se réjouisse avec lui de voir le cadet sauvé. Décidément, les paraboles de miséricorde n'ont pas fini de nous interpeller.

Le jeu de cartes
ou toute l'histoire
de l'amour de Dieu pour nous

Un jeu de cartes peut nous rappeler un grand nombre de passages bibliques ou d'aspects du mystère de Dieu.

L'As (1) : « Un seul Dieu tu adoreras... »

« Mon Père et moi ne faisons qu'un. »

Le 2 : Les deux testaments bibliques,

les deux disciples d'Emmaüs,

et les Apôtres que Jésus envoya
deux par deux en mission.

Le 3 : Les trois personnes en Dieu.

Le 4 : Les quatre évangélistes.

Le 5 : Les cinq jeunes filles avisées et les
cinq insensées qui attendaient l'Époux
(*Mt* 25, 1-13).

Le 6 : Les six jours que Dieu prit pour faire la
création, dans la Genèse.

Le 7 :   Dieu se reposa le 7ᵉ jour de la création
             (*Gn* 2, 2).

             Jésus demande de pardonner 70 fois 7 fois
             (ou 77 fois 7 fois).

             Les sept dons de l'Esprit.

Le 8 :   « Huit jours plus tard, [...] il se tint au
             milieu d'eux » (*Jn* 20, 26). Le chiffre 8 est
             devenu symbolique de la Résurrection.
             D'où la forme octogonale du baptistère
             dans l'Église primitive.

Le 9 :   Neufs lépreux sur les dix guéris par Jésus
             ne sont pas revenus le remercier.

Le 10 :   Les dix commandements remis à Moïse.

Le VALET : Le Serviteur de Dieu :

             « Si quelqu'un veut être le premier, qu'il
             se fasse le dernier de tous et le serviteur
             de tous » (*Mc* 9, 35).

             « Je ne suis pas venu pour être servi mais
             pour servir » (*Mt* 20, 28).

             Jésus qui lave les pieds de ses Apôtres
             au dernier soir de sa vie.

La DAME : Notre Dame, Marie, reine du monde,
             préfiguration de l'Église, l'épouse du Christ.

Le ROI :   Le Christ-Roi de l'univers, époux de l'Église.

             Dieu qui, maintes fois, est comparé par
             Jésus à un roi qui invite au banquet.

Quelques autres chiffres significatifs :

52 cartes comme les 52 semaines de l'année ;

365 marques comme les 365 jours de l'année ;

12 figures comme les 12 mois ;

4 motifs comme les 4 saisons.

Dieu nous aime chaque jour, chaque semaine, chaque mois, chaque saison de l'année.

Les deux : On peut y voir les symboles de Satan et de notre liberté. Les deux peuvent nous jouer des tours et saboter tout le plan de Dieu.

Comme les **doigts** de la **main**

L'évangéliste Jean nous présente Jean le Baptiste comme celui qui désigna l'Agneau de Dieu (*Jn* 1, 36). Il fut comme un doigt pointé vers le Christ. C'est aussi le rôle des baptisés, et chacun des doigts de la main peut nous faire penser à leur mission.

Les chrétiens et chrétiennes sont comme...

L'INDEX :

Ce mot latin veut dire « indicateur ». Pensons à un indicateur de vitesse ou de pression. Ou encore un indicateur des rues d'une ville, donc un guide. De qui es-tu le guide ? Peut-être de ta voisine devenue récemment veuve et qui compte sur ton réconfort ou ta souffleuse... De ton copain de cégep ou d'université qui admire tes valeurs alors même qu'il cherche les siennes. De ta cousine qui accepte mal le vieillissement et qui trouve chez toi la sérénité. Pour eux, tu es un INDEX.

LE POUCE :

C'est le seul doigt capable de s'opposer aux autres. Un chrétien est un « POUCE », une personne capable de s'opposer à toute situation d'injustice, à ceux qui font le mal, même si c'est ton propre enfant qui ne respecte pas les règles familiales établies chez toi. Une personne capable de s'opposer à un gouvernement qui fait une loi qui ne protège pas assez les pauvres. S'opposer à son curé ou à son évêque s'il le faut.

LE MAJEUR :

C'est le doigt le plus grand. Un chrétien indique que Dieu est le plus grand, qu'il est majeur dans nos vies, donc qu'il doit passer en premier pour qu'on soit heureux. Dieu est plus grand que mes problèmes, donc je peux les vaincre. Il est plus grand que mes ambitions, donc je vais les faire passer après la volonté de Dieu. Il est plus grand que mes privilèges, donc je peux abandonner certains de mes petits luxes pour lui.

Il est plus grand que mes amours : imaginez ! Je pense aux gens que j'aime le plus et je me dis que Dieu est plus grand qu'eux, plus important. Dieu est mon ami MAJEUR.

L'ANNULAIRE :

Du latin *annulus* qui veut dire « anneau », alliance. C'est le doigt qui porte l'alliance. Un chrétien indique Dieu par la qualité de ses alliances. Sa fidélité à ses amitiés, sa fidélité conjugale, la fidélité à son enfant difficile, à ses parents âgés et en perte d'autonomie. Fidélité à ses engagements, à ses promesses même les plus petites.

L'AURICULAIRE :

Mieux connu sous le nom de « petit doigt ». Il nous dit qu'un chrétien témoigne par son attention prioritaire aux plus petits : enfants, pauvres, gens qui ne savent pas se défendre eux-mêmes, gens moins instruits que lui-même, moins débrouillards, etc.

CONCLUSION :

Même des doigts atteints par la maladie peuvent nous enseigner quelque chose du mystère du Christ. Je pense, par exemple, aux gens dont les doigts sont crochus à cause de l'arthrite. Ne nous rappellent-ils pas que tout n'est pas droit en nous ? Pourtant, le Christ nous appelle à témoigner de lui. D'autres ont perdu des doigts ou des parties de doigt. Cela fait penser que les chrétiens ont aussi des manques et pourtant, ils témoignent du Christ.

L'important, c'est d'avoir la main ouverte et non fermée. Ce sont les mains ouvertes qui parlent du Christ... Des chrétiens comme cela, ça se compte sur les doigts d'une seule main...

L'huître
perlière

Comment fabrique-t-on une perle? On introduit un grain de sable dans la coquille d'une huître perlière qu'on plonge dans l'obscurité des fonds marins. Minuscule et terne, un grain de sable n'a aucune valeur et on n'y prête même pas attention. On ne le remarque même pas parmi les autres grains sur la plage. Il peut même nuire au bon fonctionnement d'un engrenage ou d'une machine bien huilée, par exemple. Le mollusque qui le reçoit dans sa coquille le perçoit tout de suite comme un corps étranger et dangereux. Pour se protéger, il sécrète tout autour de lui une substance précieuse: la nacre. Ainsi s'opèrent une transformation impressionnante et un mystérieux travail d'enrichissement dans l'obscurité de la coquille: le grain de sable devient le noyau d'une perle qui peut valoir très cher. De nuisance, il devient pierre précieuse. Ce qui ne valait rien devient un bijou.

Jésus a vécu un passage qui n'est pas sans rappeler celui du grain de sable. Rejeté des siens et plongé dans la noirceur de la mort, il ne valait en apparence plus rien. Dans la coquille du tombeau, une mystérieuse transformation s'est faite. Par la puissance du Père et par l'Esprit, il est ressuscité. Depuis ce moment, il n'a plus de limites de temps ou d'espace. Il peut se rendre présent et aimant à toute personne, n'importe où et n'importe quand, à toute époque. Comme le dit l'Écriture, « la pierre qu'ont rejetée les bâtisseurs est devenue la pierre d'angle » (*Ps* 118, 22). Dieu nous a redonné Jésus autrement, ressuscité, pour qu'il soit à jamais la pierre précieuse de l'Église.

Plongés dans l'eau du baptême comme une coquille au fond de la mer, nous participons au même travail d'enrichissement, grâce à la puissance de la résurrection, à l'œuvre dans nos vies. Morts avec le Christ, nous ressusciterons avec lui. Nous qui croyons n'être que de petits grains de sable dans l'univers, nous découvrirons que nous sommes des perles aux yeux de Dieu. En conséquence, ne disons plus jamais que nous ne valons rien. Ne nous traitons plus jamais comme si nous ne valions plus rien. Ne considérons plus jamais les autres comme s'ils n'étaient que des grains de sable. Présentons plutôt au Seigneur tout ce qui est comme un grain de sable dans l'engrenage de nos vies : maladie, échec, désespoir, mort, solitude. Bref, tout ce qui nous fait mourir, lui seul a la puissance de le transformer en perle et de tout faire concourir à notre bien. Depuis la résurrection de Jésus, notre Pâque est commencée.

La femme enceinte

L'impact d'une grossesse est considérable, sur la santé de la future mère d'abord. Nausées, enflure, hypertension artérielle, maux de dos ou insomnie. Ses habitudes de vie s'en trouvent modifiées. Gare aux médicaments ou à la consommation de certains aliments. Il faut cesser le travail habituel, car la fatigue se fait sentir plus vite. La femme enceinte a de plus en plus de mal à s'appuyer sur le comptoir, à marcher, à se pencher. Pendant la nuit, quand le bébé décide de changer de bord, elle doit suivre ! C'est lui qui mène, c'est lui le roi même si on ne le voit pas encore. Il attire tout à lui. Il conditionne tout autour de lui. Parce qu'il est dans le sein de sa mère, les gens autour de celle-ci prennent garde aux courants d'air, évitent toutes brusqueries, sont sensibles à ses moindres désirs, ils lui cèdent le meilleur fauteuil. La mère a des humeurs très variables. Agressivité, impatience, joie, tourment, espérance de rendre son enfant à terme. L'entourage est lui aussi influencé par ce petit être invisible, mais si présent. L'époux réaménage la maison pour faire une chambre au petit. L'aîné n'est plus le centre de l'univers de ses parents. Le budget familial est affecté : moins de gâteries et de sorties coûteuses. La grossesse a des impacts même financiers et légaux !

L'enfant et sa mère sont en communication extrêmement étroite. Elle lui parle tous les jours et le caresse. L'enfant ressent les émotions de sa mère et bouge en conséquence. Il occupe toutes les pensées de sa mère qui attend impatiemment l'accouchement malgré les douleurs appréhendées. Elle a hâte de le voir face à face. Ce sera la fin d'un monde pour l'enfant, mais le début d'un monde nouveau, d'une relation nouvelle encore plus belle.

L'Église ressemble à une femme enceinte. C'est l'apôtre Paul qui le dit dans sa lettre aux Romains : « La création tout entière gémit maintenant encore dans les douleurs de l'enfantement. Elle n'est pas la seule : nous aussi qui possédons les prémices de l'Esprit, nous gémissons intérieurement, attendant l'adoption, la délivrance pour notre corps. » (*Rm* 8, 22). Quand elle célèbre la fête du Christ-Roi de l'Univers le dernier dimanche de l'année liturgique, l'Église signifie qu'elle se trouve par rapport au Christ dans la même situation qu'une femme enceinte. Elle porte un être qu'elle ne voit pas, mais qui est pourtant très présent et qui conditionne toute son existence comme un petit roi. Il lui occasionne même des problèmes, des « nausées » qui vont jusqu'à la persécution, la calomnie, le jugement. Le Christ change les habitudes de vie des chrétiens et chrétiennes. Le réflexe de vengeance se change en pardon, la surconsommation en partage, les désespoirs en espérance, les discriminations en ouverture et en accueil. Même si on ne le voit pas, c'est lui, le Christ-Roi, qui mène simplement par sa présence au sein de l'Église et du monde. Il est intérieur à toute personne et à l'univers. Il attire tout à lui, même le larron crucifié à côté de lui.

Il influence notre vie affective et émotive, notre façon d'aimer, nos relations amoureuses, notre sexualité, nos relations de voisinage, nos amitiés. Il nous fait dépasser nos goûts pour aimer plutôt à sa façon. Même nos tristesses, il nous appelle à les vivre différemment. L'usage de notre argent et de nos autres biens matériels est modifié. Quelqu'un en a-t-il plus besoin que nous? Nous sommes prêts à les partager pour vivre unis.

Comme la mère et l'enfant, nous lui parlons tous les jours dans la prière et quand nous lui confions nos sentiments, il bouge encore plus, il s'active. Il occupe toutes nos pensées et nous vivons tendus vers le moment de l'accouchement où nous le verrons enfin face à face. Ce sera la fin d'un monde, la parousie, la fin d'une certaine manière d'être en relation entre nous et avec lui. Mais ce sera surtout le début d'un nouveau monde, d'une relation nouvelle. Nous avons hâte même si nous appréhendons un peu ce moment.

Une différence demeure entre la femme enceinte et l'Église. La première met elle-même au monde son enfant. L'Église, elle, est enfantée par celui qu'elle porte. C'est lui qui nous met au monde chaque jour. C'est pourquoi, à partir des dimanches de l'Avent, nous racontons l'histoire de sa venue. Elle a commencé par une naissance et se termine par une naissance : sa résurrection à laquelle il nous fait participer.

La pièce de casse-tête

Observez une pièce de casse-tête. Elle représente une petite partie de l'image totale du casse-tête. À ne regarder qu'elle, on ne peut distinguer ce qu'est cette image globale. Pourtant, chaque pièce est unique, irremplaçable. Il n'y a pas deux pièces identiques bien que le jeu puisse compter plus de mille morceaux. Si on ne l'ajoute pas au casse-tête, il manquera quelque chose d'essentiel et l'image globale sera inutilisable. Même la plus banale est nécessaire.

Sa forme est intéressante. Elle comporte des excroissances faites pour donner et des cavités pour recevoir. C'est ainsi qu'elle s'accroche aux autres morceaux pour qu'ensemble ils forment l'image complète.

La pièce de casse-tête me fait penser à l'Église. Elle est appelée à refléter le visage du Christ. Chacun de ses membres est comme une pièce de casse-tête. Chaque baptisé est en lui-même un reflet de cette image du Christ, mais à lui seul, il ne peut en dire grand-chose. C'est en se joignant aux autres baptisés qu'il contribuera à faire rayonner le visage du Christ dans le monde. Chacun est unique. Il n'y a pas deux baptisés pareils bien qu'ils soient des centaines de millions. Il n'y a pas deux baptisés qui révèlent le Christ de la même manière. Chacun a ses charismes, ses dons, sa façon d'exprimer la charité, l'espérance, la confiance, la joie, le service, la fidélité. Chaque baptisé incarne originalement quelque chose de la personne du Christ, de son amour et de sa Parole.

Comme une pièce de casse-tête, chaque baptisé est fait pour donner et pour recevoir. Les deux sont importants. On rencontre parfois des gens toujours heureux de donner, mais ils ne nous laissent pas leur donner en retour. Ils n'acceptent pas de recevoir. À la longue, la relation devient impossible parce qu'à sens unique. Sans réciprocité, il n'y a pas d'alliance qui tienne.

L'Église ne peut se passer d'aucun de ses membres. Chacun est essentiel, unique, irremplaçable. Pour le manifester, le Christ a besoin de chacun, même du petit, du démuni, du moins talentueux, du moins original, du plus moche. En même temps, personne n'est à lui seul ou à elle seule la parfaite image du Christ. C'est pourquoi les pasteurs de l'Église cherchent constamment à rassembler les baptisés dans l'unité. Ils les convoquent à toutes sortes d'activités pour qu'ils fassent corps. Comme une pièce de casse-tête n'existe pas pour elle-même et ne trouve sa valeur qu'en s'assemblant aux autres, les baptisés ne peuvent vivre dans l'individualisme. C'est ensemble seulement qu'ils offriront le vrai visage du Christ au monde.

La paire de rames

Enfant, j'allais pêcher la truite avec mon père. Dès nos premières excursions, il me laissait ramer. Les premières fois, c'était laborieux. Je plongeais les rames trop profondément et surtout, je tirais plus sur une rame que sur l'autre. Il m'arrivait de tirer deux ou trois fois de suite sur la même et l'on devine le résultat : je tournais en rond. Voulant corriger la trajectoire, je tirais alors deux ou trois fois de suite sur l'autre rame. Je tournais en rond... dans l'autre sens ! Mon père m'apprit à tirer également sur les deux rames en même temps. C'est la seule façon d'aller droit et loin.

Dans la vie spirituelle, c'est pareil. Nos deux rames sont la prière et l'action. Les deux sont importantes. Ignace de Loyola disait : « Agis comme si tout ne dépendait que de toi et prie comme si tout ne dépendait que de Dieu. » Autrement dit, celui qui se plonge dans l'action pastorale mais ne prie pas tournera en rond tôt ou tard comme le rameur qui tire sur une seule rame. Il ne saura plus comment guider sa vie, il perdra ses forces, il s'égarera. Jésus lui-même passait des nuits à prier.

De même, celui qui prie mais n'agit pas tourne aussi en rond. Saint Jacques dit : « À quoi bon, mes frères, dire qu'on a la foi si l'on n'a pas d'œuvres ? [...] La foi qui n'aurait pas d'œuvres est morte dans son isolement. » (*Jc* 2 14.17). Jésus l'a dit autrement dans le célèbre chapitre 25 de Matthieu : « J'ai eu faim et vous m'avez donné à manger, j'ai eu soif et vous m'avez donné à boire. [...] Chaque fois que vous l'avez fait à l'un de ces petits qui sont mes frères, c'est à moi que vous l'avez fait. » (*Mt* 25, 35.40). N'a-t-il pas dit aussi : « Il ne suffit pas de me dire "Seigneur, Seigneur" pour entrer dans le Royaume des cieux ; il faut faire la volonté de mon Père qui est aux cieux » (*Mt* 7, 21) ?

Le vrai disciple de Jésus fait comme lui. Il s'éloigne régulièrement au désert pour prier et se consacre aux autres tout le reste du temps. En tirant également sur ses deux rames, il s'assure d'aller droit et loin.

Le vélo et la dynamo

Dans ma jeunesse, pour rouler le soir à vélo, il fallait actionner une dynamo installée sur la roue avant de la bicyclette. L'ingénieux système consistait à déclencher, une fois en route, le bouton qui retenait la dynamo pour qu'elle s'appuie sur la jante de la roue. Cette dernière faisait tourner la dynamo qui produisait juste assez de courant pour allumer un modeste phare situé sur le guidon. La lumière produite était tout juste suffisante pour éclairer le devant du vélo et permettre la poursuite de la route.

Avoir la foi, c'est comme se promener à vélo la nuit. On ne se maintient en équilibre qu'en pédalant. Si on arrête, on tombe. Mais si on pédale, le Seigneur se colle sur nous comme une dynamo sur la jante de la roue de la bicyclette et une lumière suffisante nous est donnée pour faire le prochain petit bout de chemin.

C'est dans cette foi qu'Abraham partit de son pays. C'est ainsi que Moïse fit confiance au Seigneur et se mit en marche. L'auteur de la lettre aux Hébreux dit de lui : « Par la foi il quitta l'Égypte et comme s'il voyait l'invisible, il tint ferme. » (*He* 11, 27). Chaque jour, il devait faire confiance au Seigneur qui envoyait la manne dont il ne pouvait faire de réserve. Chaque jour, il recevait de Dieu ce dont le peuple avait besoin pour continuer sa route. N'est-ce pas aussi l'expérience des mages ? Ils se rendirent adorer Jésus guidés par la petite lumière d'une étoile. Quand on « pédale », il y a toujours tôt ou tard une étoile qui nous éclaire.

Dieu ne se donne qu'à ceux et celles qui « pédalent », qui se mettent en marche. Les pèlerins d'Emmaüs (*Lc* 24) en savent quelque chose. Ce n'est qu'une fois sur la route du retour qu'ils ont compris les événements « déroutants » dont ils venaient d'être témoins à Jérusalem et qu'ils ont expérimenté la présence du Ressuscité à leurs côtés. Ce n'est pas par hasard que les pèlerinages reviennent à la mode. Compostelle, Medjugorje, Lourdes, Fatima, Rome, la Terre sainte, les Journées mondiales de la jeunesse : jamais autant de chercheurs de Dieu ne se sont mis en marche. Et l'Esprit saint, comme une dynamo, fait son travail...

La **vieille**
pompe à eau

Qui ne se souvient pas avoir vu de ces vieilles pompes à eau, en fonte, de nos campagnes ? On s'en servait avant que n'arrive l'eau courante du système d'aqueduc. Trônant au bout d'un long tuyau planté dans le sol, elles étaient généralement fixées au bord de l'évier de la cuisine ou à un rebord de bois, ou encore à la margelle d'un puits. Elles avaient fière allure ! Pour obtenir de l'eau, il fallait actionner vigoureusement le levier de haut en bas sans s'arrêter jusqu'à ce que l'eau jaillisse du bec verseur. Et quand la pompe n'avait pas servi depuis un bon moment, l'eau était redescendue dans le sol. Il fallait alors la remettre en marche en versant une tasse d'eau dans le cœur de la pompe pour recréer un effet de succion et faire remonter l'eau. En termes familiers, nous disions que nous avions « primé » (prononcer à l'anglaise) la pompe.

L'apôtre Pierre a connu une pareille opération. Après avoir renié Jésus et l'avoir vu mourir, de retour au bord du lac, il a perdu tous ses moyens. Il est à sec. Sans doute habité de remords et déçu de lui-même, il ne se croit certainement plus capable de rassembler les autres apôtres pour donner suite à la mission de Jésus. Il ne peut affermir ses frères, il ne peut être le roc, la pierre sur laquelle Jésus voulait édifier son Église. Il croise le Ressuscité au bord du lac de Tibériade. On imagine son malaise. Jésus, encore une fois, le déroute en lui demandant trois fois : « Pierre, m'aimes-tu ? » Trois fois, comme les trois reniements. Il veut le remettre en contact avec l'amour.

Jésus lui a déjà pardonné et sait que seuls ceux qui ont goûté à sa miséricorde peuvent conduire son troupeau. Qui ne connaît pas la miséricorde de Dieu ne connaît pas Dieu. Jésus veut le remettre en marche. Il prend les devants pour verser dans le cœur de Pierre un peu d'amour comme on verse de l'eau dans la pompe qui n'a pas servi depuis longtemps. Ainsi, Pierre pourra puiser au fond de son cœur l'eau vive dont le reste de l'Église aura besoin.

Chaque fois que nous allons célébrer le sacrement du pardon, nous vivons la même chose. Le Seigneur prend les devants et dépose en nos cœurs un peu de son amour pour les remettre en marche. Remis en contact avec son eau vive, nous pouvons ensuite en abreuver les autres.

La parabole
de la cruche fissurée

Chaque matin, un vendeur d'eau suit la même routine. Il se rend à la rivière pour remplir ses deux cruches. Il prend le chemin de la ville où il compte vendre son eau. Mais les deux cruches ne sont pas pareilles. L'une d'elles est craquelée et perd de l'eau. L'autre, très étanche, rapporte évidemment plus d'argent.

Un beau matin, embarrassée, la cruche fissurée s'adresse à son propriétaire : « Tu sais, j'en suis bien consciente, à cause de moi tu perds de l'argent. Quand nous arrivons à la ville, je suis à moitié vide. J'en ai beaucoup de regret, je m'en excuse, je te prie de me pardonner. »

Le vendeur continue son chemin. Le lendemain, en route vers la rivière, il s'adresse à sa cruche craquée : « Regarde sur le bord de la route.

— Ah ! tiens ! Je n'avais pas remarqué : c'est plein de jolies fleurs !

— C'est grâce à toi. Chaque matin, tu arroses le bord de la route. J'ai semé des graines tout le long de la route, et toi, sans le savoir ni le vouloir, tu les arroses chaque jour. »

Cette petite histoire nous rappelle une réalité bienfaisante : nous sommes tous un peu fissurés, mais le Seigneur sait faire des merveilles avec nos faiblesses. Qui d'entre nous n'est pas un peu fissuré ? Qui d'entre nous ne gaspille pas un peu du trésor que le Seigneur a déposé en lui ? Le Seigneur n'est pourtant jamais découragé par nos faiblesses. Il les fait servir à son œuvre d'une manière que nous ne pouvons pas imaginer. Sa miséricorde transforme tout. C'est pourquoi j'aime le sacrement du pardon. C'est une occasion en or de reprendre conscience du regard du Seigneur sur nous et sur notre petitesse. Il sait déjouer nos manques, nos péchés. Il nous redit la puissance de la résurrection. Dieu peut faire jaillir du bien même de ce qui est mal. Lui seul le peut. Alors, personne n'est trop pécheur pour lui. Personne n'est éliminé de sa vie à cause de son péché.

La **truite**

Au cœur de la ville de Matane, sur le pont qui enjambe la rivière, j'aime observer les saumons qui remontent le courant pour aller frayer à l'endroit où ils sont nés. À raison de quelques coups de queue et de nageoires, ils se maintiennent à contre-courant et progressent lentement vers l'amont. C'est la situation normale des salmonidés, saumons, truites ou ouananiches, que d'affronter une forte pression d'eau. Quand ils suivent le courant, c'est qu'ils sont mourants.

Le cardinal Danneels, archevêque de Malignes-Bruxelles, écrivait que si on veut inviter des jeunes à suivre le Christ, il faut leur dire tout de suite qu'ils seront comme des truites. La suite du Christ se fait à contre-courant de la société. Chez nous, cette pression se fait sentir surtout depuis une quarantaine d'années. Jusqu'au début des années 1960, toute la société québécoise allait dans le même sens : celui de l'Église. La Révolution tranquille, le concile Vatican II et les événements entourant mai 1968 dans le monde entier ont provoqué des rapports nouveaux entre l'Église et le monde. Un peu partout en Occident, la pratique liturgique a chuté, le nombre de prêtres a baissé radicalement et les catholiques se sont retrouvés minoritaires dans leur milieu. Le courant a changé de bord.

Du coup, nous affrontons la même situation que les premiers chrétiens. Eux aussi nageaient à contre-courant et voyaient d'ailleurs dans le poisson un symbole de leur foi, mais pour des raisons différentes. En grec, le mot « poisson » se disait *ICHTUS*. Chaque lettre de ce mot est l'initiale d'un titre attribué à Jésus.

I	pour Iesous (Jésus)
CH	pour Christos (Christ)
T	pour Theou (Dieu)
U	pour Uios (Fils)
S	pour Soter (Sauveur)

« Jésus Christ, Fils de Dieu Sauveur. »

Si les chrétiens d'aujourd'hui passent pour des « poissons », ils devraient s'en réjouir et même en être fiers. Jésus avait prédit que ceux et celles qui viendraient à sa suite essuieraient les mêmes revers que lui. Ils seraient comme des « agneaux au milieu des loups » (*Mt* 10,16); ils auraient à comparaître devant des tribunaux (*Mt* 10,17); ils seraient persécutés (*Lc* 21,12). Les Apôtres ont connu le même sort que leur Maître et ceux qui leur succèdent doivent s'attendre à le partager aussi.

Minoritaires, à contre-courant de la société, nous sommes dans la situation normale des disciples du Christ. Comme la truite, faisons les efforts nécessaires pour nous maintenir dans le courant qui nous apportera notre nourriture et qui nous fera remonter jusqu'à nos origines.

Naissance
sur vidéo

Imaginez qu'on place une caméra miniature dans le ventre d'une femme enceinte de neuf mois. Que voit-on à l'écran ? Un enfant qui est très bien dans son petit monde. Il est nourri et logé gratuitement. Il reçoit la protection, la chaleur et le mouvement. S'il pouvait parler, il dirait qu'il ne veut pas sortir de là. Il ne peut concevoir une vie plus belle et plus complète.

Tout à coup, commence le travail d'enfantement, les contractions. À l'écran, tout s'agite. Une tempête se déclenche. Vu de l'intérieur, tout s'arrache et l'enfant est expulsé, emporté. Et alors, on se dit que c'est dommage, car il était si bien dans son monde. Pourquoi a-t-il fallu que tout se termine de cette façon ? Le médecin qui aide la mère à accoucher sait bien pourtant qu'il s'agit d'une naissance et que la vie qui commence pour cet enfant n'aura rien de comparable avec celle qu'il faisait jusque-là. Il grandira physiquement et psychologiquement, il s'instruira, fera des voyages, apprendra à aimer et à se laisser aimer, fondera une famille, épanouira ses divers talents. Toutes les facettes de sa personne pourront désormais s'exprimer. Jamais il ne regrettera le passage qu'il vient de faire, car il réalisera que c'est la vraie vie qui a commencé pour lui au jour de sa naissance.

La mort est une naissance. Vue de notre côté, de l'intérieur de la vie terrestre, elle est toujours un arrachement, une tempête. Quelqu'un nous est enlevé et on se dit : « Pourquoi faut-il que tout se termine de la sorte ? Il (ou elle) était si bien dans son petit monde. » Mais le Christ est un accoucheur. Il sait bien que la vie qui commence pour cette personne ne se compare en rien avec celle qu'il faisait avant, même si celle-ci était bonne et heureuse. C'était une sorte de vie intra-utérine, une préparation. Jamais cette personne ne regrettera d'avoir fait le passage.

Notre vie se déroule donc entre deux naissances : la naissance biologique et la naissance spirituelle qui nous attend à la fin de notre vie terrestre. Ce qui fait dire à l'écrivain français Christian Bobin : « Je voudrais arriver à la mort plus frais qu'un bébé et mourir avec cet étonnement des bébés qu'on sort de l'eau. » (*La lumière du monde*, collection Folio, Paris, Gallimard, 2001, p. 165). Actuellement, nous sommes comme en gestation, en formation, en attente d'enfantement. Le Christ veut nous faire voir le jour, son Jour. Chaque dimanche, le jour du Seigneur, nous célébrons l'eucharistie parce que c'est le jour de la Résurrection, celle du Christ qui a préfiguré la nôtre. Nous rendons grâce pour notre destinée, pour l'accouchement à venir.

La **tête**
et le **corps**

La mère qui a porté son enfant durant neuf mois vit fébrilement les dernières heures de sa grossesse. Elle a hâte de voir le visage de cet enfant qui a déjà chamboulé sa vie avant de naître. Un grand mystère s'annonce. Quand l'accouchement commence, généralement, c'est la tête du bébé qui se présente en premier. En la voyant, le médecin ne se dit pas : « Tiens, madame va accoucher d'une tête ! » Il sait évidemment que, la tête et le corps étant attachés l'un à l'autre, si la tête passe, le corps suivra tôt ou tard. Ce n'est qu'une question de temps.

Saint Paul applique l'image de la tête et du corps au Christ et à l'Église.

« Il est, lui, la tête du corps, qui est l'Église. Il est le commencement, Premier-né d'entre les morts. » (*Col* 1, 18).

« Il l'a donné, au sommet de tout, pour tête à l'Église qui est son corps. » (*Eph* 1, 22-23).

« Mais, confessant la vérité dans l'amour, nous grandirons à tous égards vers celui qui est la tête, le Christ. Et c'est de lui que le corps tout entier, coordonné et bien uni grâce à toutes les articulations qui le desservent, selon une activité répartie à la mesure de chacun, réalise sa propre croissance pour se construire lui-même dans l'amour.» (*Eph* 4, 15-16).

Jésus est ressuscité. Il a fait le passage de la mort à la vie. Il est la tête. Si la tête est passée, le corps suivra. Ce n'est qu'une question de temps, comme pour la naissance d'un enfant. Et le corps, c'est nous, l'Église ! Voilà ce qu'a fait notre baptême. Il nous a *incorporés* au Christ en nous faisant entrer dans l'Église. Prenons conscience de la portée de ce mot : le Christ nous a pris en lui pour que, mourant avec lui, nous ressuscitions avec lui. S'il est «le Premier-né d'entre les morts», c'est donc qu'il y en a d'autres qui naîtront ou renaîtront comme lui, par lui, avec lui et en lui !

Cette destinée nous émerveille et fait en sorte que l'Église vit dans l'action de grâce, dans un esprit eucharistique. Elle n'en revient tout simplement pas de cette incorporation, de cette alliance de la tête et du corps qui lui ouvre les portes de la vie éternelle.

Jésus
et le **traversier**

Sur l'île de Saint-Ignace-de-Loyola, près de Berthierville, j'ai pris conscience un jour que le Christ joue le rôle d'un traversier qui nous conduit à la vie éternelle. La route qui ceinture l'île s'appelle « le chemin de la Traverse » parce qu'à son extrémité accoste un traversier qui fait la navette vers Sorel. Et je me suis mis à imaginer la situation suivante. Au bout du quai du traversier, on tend un immense rideau noir de 40 mètres de haut par 40 mètres de large. Il est fendu au milieu, mais il est fermé. Après avoir fait le tour de l'île sur le chemin de la Traverse, nous arrivons sur le quai d'embarquement, devant le rideau. Comment se rendre à Sorel ? Nous ne pouvons y aller de nous-mêmes. Il faut compter sur le traversier. S'il n'est pas venu à notre rencontre, nous ne pouvons traverser. Mais est-il bien arrivé derrière le rideau noir ? Si nous franchissons le rideau et que le traversier n'est pas là, c'est la catastrophe. Mais sur le quai, un homme nous dit d'avancer dans la confiance. Il semble sûr que le traversier est arrivé. Nous faisons confiance, nous traversons le rideau et nous découvrons qu'effectivement, il est là. Ouf ! Soulagement !

Jésus est un traversier. Il nous le fait comprendre dans l'évangile de Jean.

« Il y a beaucoup de demeures dans la maison de mon Père sinon est-ce que je vous aurais dit que j'allais vous préparer le lieu où vous serez ? Lorsque je serai allé vous le préparer, je reviendrai vous prendre avec moi pour que là où je suis, vous y soyez aussi. Pour aller où je m'en vais, vous savez le chemin. Thomas lui dit : "Seigneur, nous ne savons même pas où tu vas, comment pourrions-nous savoir le chemin ?" Jésus répondit : "Je suis le chemin, la vérité et la vie. Personne ne va au Père sans passer par moi." (*Jn* 14, 2-6).

Qu'est-ce qu'un traversier sinon un bout de chemin qui flotte ? Il en a les attributs : des lignes blanches, un panneau d'arrêt, des feux de circulation, des préposés à la circulation. Jésus se présente comme le chemin par lequel on doit nécessairement passer pour aller au Père. Sans lui, on ne peut faire la traversée. « Nul ne va au Père sans passer par moi. » (*Jn* 14, 6). Quand nous serons face au rideau noir de la mort et rendus au bout du chemin de la Traverse de nos vies, nous ne pourrons aller de nous-mêmes au Père. Jésus sera derrière le rideau noir de la mort. Nous tomberons dans ses bras et nous n'aurons plus qu'à nous laisser porter jusqu'au Père.

L'œuf

Sur la table, j'observe un œuf. Il est tout à la fois fort et fragile. Si on essaie de l'écraser en comprimant ses extrémités, c'est peine perdue. Il résiste à la plus forte pression. En revanche, si on comprime ses côtés, il éclate facilement. L'œuf est mystérieux. Il recèle une vie nouvelle, en devenir, mais elle reste cachée, comme la vie du Christ en nous et en l'autre. La vie qui couve ainsi a besoin de chaleur et de lumière pour se révéler dans la brisure de l'éclosion.

Quel beau symbole du Christ mort et ressuscité! Il me semble l'entendre me parler par cet œuf. Que dit-il? D'abord, « je craque pour toi ». On connaît cette expression chère aux amoureux. Ça veut dire : je t'aime et parce que je t'aime, je craque à ta place, je meurs pour toi. Je veux que tu sois sans mort, que tu repartes à neuf (ou à « n'œuf »…). Ensuite, le Christ nous dit par cet œuf : « La mort? Elle peut aller se faire cuire un œuf! » Elle n'est plus rien, elle a été vaincue. Elle n'a plus de pouvoir sur nous. Les chrétiens peuvent lui dire : « Tu peux aller te faire cuire un œuf! Va au diable, nous, nous allons à Dieu. Nous allons te vaincre non pas par une réincarnation, mais par une résurrection, en surgissant une fois pour toutes avec et comme le Christ. » Paul l'avait dit. S'il n'y a pas la résurrection, notre foi est vaine et vide. Une coquille d'œuf brisée et désertée.

Donnons au Christ tout ce qui craque dans nos vies, dans nos projets d'avenir, dans nos amours, dans nos relations avec nos enfants, avec nos parents, dans notre travail ou notre santé. Avec lui, tout est occasion d'éclosion. La mort, qu'elle soit grande ou petite, n'est jamais une coquille vide pour le Christ. Il va en faire jaillir du bon, de la vie. Le Christ sait faire de la grande cuisine avec nos omelettes !

Acceptons d'être couvés par l'Esprit et par l'Église même si parfois nous la trouvons un peu trop mère poule, un peu trop conservatrice. Nous avons besoin de leur chaleur et de leur lumière pour éclore et laisser éclater ce que nous portons au plus profond de nous. Notre foi se vit en communauté, avec d'autres, parce que le Christ nous aime ensemble, à la douzaine, comme les œufs et comme les Apôtres.

Le **cadeau**
et le **ciseau**

Quand je prépare des fiancés au sacrement de mariage, j'aime utiliser deux objets : un cadeau et un ciseau à bois. Les deux symbolisent l'action de Dieu dans le sacrement de mariage.

En le célébrant, les époux ne se marient pas « devant » Dieu, mais « avec » lui. D'une certaine façon, on peut dire qu'ils invitent le Christ à leur mariage, et comme tout bon invité digne de ce nom, il fait un cadeau aux époux. À chacun il offre l'autre en cadeau parce qu'il l'aime. Le Christ aime tellement cette épouse qu'il veut lui en donner un signe concret. Et ce signe, c'est l'époux qu'elle a choisi, par lequel il se rendra présent. Et vice versa pour l'époux qui reçoit l'épouse en cadeau du Christ, pour lui témoigner à quel point il compte aux yeux de Dieu. La grâce du mariage, c'est de voir l'autre comme un cadeau toute sa vie. Un cadeau, c'est quelque chose que quelqu'un nous offre sans qu'on ne l'ait mérité, simplement parce que cette personne nous aime. Et tant mieux s'il nous est donné sans raison particulière, en d'autres circonstances que des fêtes ou des anniversaires, par exemple. Il est agréablement emballé et on prend plaisir à le déballer pour découvrir ce qui se cache à l'intérieur. Puissent les époux toujours voir en l'autre le cadeau de Dieu qui les aime. Encore faut-il le déballer pour le découvrir. On n'a jamais fini de découvrir l'autre, car non seulement on ne le connaît jamais totalement, mais en plus il ou elle va changer et il faudra donc le ou la déballer encore. Plus ils se déballeront l'un l'autre, plus les époux resteront emballés l'un par l'autre...

Le ciseau à bois évoque une autre facette du mariage. Le sculpteur qui contemple un bloc de bois perçoit déjà ce qu'il compte en tirer. Avec son ciseau, il arrache patiemment, un par un, des morceaux pour faire ressortir la forme qu'il a en tête. Si le bloc pouvait parler, il dirait : « Ouch ! Tu me fais mal ! » Il faut pourtant que l'artisan continue son travail pour faire sortir de ce bloc le meilleur de lui-même. Se marier, c'est accepter que le Christ-artisan se serve de l'autre comme d'un ciseau. Jacques Chardonne disait : « Le couple, c'est l'autre à bout portant. » Sa proximité nous travaille, sa différence nous fait même souffrir, ses défauts nous rentrent dans le corps comme un ciseau. On a envie de dire à l'autre : « Ouch ! Tu me fais mal ! » La grâce du mariage, c'est de le voir alors comme un outil entre les mains de Dieu pour faire sortir le meilleur de soi-même. Les époux sont tout à la fois des cadeaux l'un pour l'autre et des ciseaux que le Christ manie pour les mener au bout d'eux-mêmes.

La parabole des trois Pepsi

Il y a quelques années, j'accompagnais mes parents et mon jeune neveu de six ans au chalet. Mon père et moi voulions modifier l'aspect du trottoir menant du chalet à la rue. Il fallait d'abord enlever la double rangée de dalles de ciment sur une distance d'environ dix mètres pour ensuite enlever quinze centimètres de gravier et de terre. Une fois transportés plus loin en brouette, nous les remplacions par trois centimètres de poussière de pierre bien tassée et nous replacions les deux rangées de dalles de ciment. Par une température de 33 degrés Celsius, la tâche était pénible. Durant ce temps, mon neveu s'amusait avec son petit seau et sa pelle de plastique. Il essayait à sa mesure de nous aider en imitant notre travail, mais en réalité, il ne nous était d'aucun secours.

Ma mère surgit soudain sur le balcon pour nous offrir une boisson gazeuse bien froide.

— Les hommes, dit-elle, prendriez-vous un bon Pepsi bien froid ?

— Bien sûr ! avons-nous répondu.

Et ma mère apporta donc trois canettes : une pour mon père, une pour mon neveu et une pour moi. Elle voulait ainsi se montrer une bonne épouse, une bonne mère et une bonne grand-mère. Que se serait-il passé si j'avais protesté contre le fait que mon neveu reçoive la même récompense que mon père et moi alors qu'il n'a évidemment pas travaillé autant ? J'aurais passé pour un ingrat, un calculateur, un oncle sans cœur, un mauvais fils qui ne comprend pas le cœur de sa mère. Voyons ! Cela tombe sous le sens que le petit soit traité avec bonté par sa grand-mère !

Quand il s'agit des trois Pepsi, on tombe d'accord rapidement. Mais quand il s'agit de la parabole des ouvriers de la onzième heure (*Mt* 20, 1-16) qui reçoivent tous le même salaire même s'ils n'ont pas tous travaillé autant, c'est une autre affaire. On se scandalise. On comprend mal que Jésus ait dit une parole semblable. On défend les ouvriers protestataires qui n'acceptent pas qu'on donne à l'ouvrier arrivé à la dernière minute la même récompense qu'à eux. Pourtant, nous sommes devant la même situation que celle des trois Pepsi. Jésus essaie d'illustrer comment son Père aime tous les hommes quel que soit le moment de leur conversion et qu'ils soient juifs ou non. Qu'ils se convertissent sur le tard ou dès la première heure, qu'ils soient d'origine juive ou non, tous auront part à la vie de Dieu parce qu'il a un cœur de père. Et nous devrions tous nous réjouir que cet amour soit exprimé largement et que le plus grand nombre en soit touché. Sinon, quel genre de « fils » ou de « filles » sommes-nous de vouloir restreindre l'amour du Père et le garder pour nous ?

Le **bambou**
et la patience de **Dieu**

Il existe, dit-on, une variété de bambou qui tarde à pousser. La première année, on plante la semence, on arrose et on fertilise. Rien ne pousse. La deuxième année, on arrose et on fertilise, rien ne se produit. La troisième année, on arrose et on fertilise : encore rien. La quatrième année, même opération, on arrose et on fertilise, il ne se passe toujours rien. La cinquième année, on arrose et on fertilise, rien du tout. La sixième année, le bambou pousse soudainement de trente mètres. Certaines variétés peuvent devenir aussi hautes qu'un édifice de dix étages et poussent jusqu'à un mètre par jour.

Cette vitesse de croissance spectaculaire devrait inspirer nos efforts d'éducation. Les jeunes sont des bambous. À l'adolescence et au début de l'âge adulte, ils donnent souvent l'impression que ce que leurs parents et autres éducateurs ont tenté de leur transmettre durant tant d'années s'est perdu. Rien ne semble pousser. Au contraire, ils contestent plus ou moins ouvertement l'éducation reçue. Leurs éducateurs ont eu beau arroser et fertiliser, rien ne se produit... en apparence. Patience ! Vient un moment où l'intégration de l'héritage se fait. Je l'ai observé tant de fois chez des jeunes au début de la vingtaine. En quelques mois, l'éclosion a été fulgurante et les valeurs transmises par leurs parents ont constitué les bases de leur vie adulte.

Dans l'Évangile, Jésus incite à la patience en prenant l'exemple d'un figuier qui ne donnait pas de fruits depuis trois ans. Son propriétaire était évidemment tenté de le couper pour ne pas qu'il épuise le sol inutilement. Mais son jardinier l'a imploré de lui donner du temps pour qu'il bêche autour, qu'il l'arrose et lui donne de l'engrais (*Lc* 13, 6-9). Le Seigneur exerce cette patience envers nous. Dieu est un agronome. Il ne désespère pas de nous faire donner notre fruit. Il ne s'étonne pas de ne pas obtenir des résultats immédiats. Notre conversion est lente et progressive. Notre stérilité spirituelle ne le décourage pas. Il a la patience et l'espérance du planteur de bambou.

La cristallisation

De mes laborieuses études de chimie, je n'ai gardé qu'un seul souvenir heureux. L'expérience de la cristallisation en éprouvette a frappé mon imagination et m'a souvent servi à illustrer l'œuvre de Dieu dans le monde.

Dans une éprouvette contenant 5 ml d'eau distillée, on dissout du dichlorobenzène jusqu'à ce que la solution ainsi formée devienne **saturée**, c'est-à-dire qu'elle ne peut en dissoudre davantage. Elle ressemble alors à de l'eau fortement salée. On dépose un **cristal** (un morceau solide) de dichlorobenzène dans cette solution. En moins de cinq minutes, toute la solution se **consolide** comme si elle gelait sous nos yeux et il devient impossible de déceler le cristal déposé. Il a communiqué sa **configuration** chimique (l'organisation invisible de ses atomes) à toute la solution qui est devenue un seul gros cristal. On ne peut plus distinguer le cristal du reste de la solution. Ils ne font plus qu'un. Trois mots sont à retenir : saturation, consolidation, configuration.

Cette petite expérience chimique est merveilleusement représentative de différents aspects du mystère chrétien. En premier lieu, l'incarnation de Dieu en Jésus. Comme la solution dans l'éprouvette, Dieu a d'abord saturé son peuple. Il s'est fait connaître à lui et lui a donné sa Parole en appelant Abraham, Moïse, David et les autres rois puis les prophètes. Au terme, il pouvait alors « déposer » son « Christ-al » pour consolider son peuple, l'unir et le configurer à lui. Grâce à sa résurrection, le Christ poursuit cette œuvre de consolidation et de configuration de l'Église et du monde. Dans l'eucharistie, par exemple, le peuple de Dieu se fait d'abord saturer de la Parole (dans la liturgie de la Parole), puis reçoit le « Christ-al » sous la forme du pain et du vin consacrés. Le Christ consolide ainsi son peuple et le configure à lui. C'est ce que dit la seconde épiclèse de la deuxième prière eucharistique : « Humblement, nous te demandons qu'en ayant part au corps et au sang du Christ, nous soyons rassemblés par l'Esprit saint en un seul corps. » Le corps du Christ est donné à l'assemblée pour qu'elle fasse corps avec lui et cristallise le monde.

Le même parallèle peut se faire avec le sacrement de mariage. Les époux comblés, saturés de la présence du Christ et consolidés par lui deviennent ensemble à leur tour « Christ-al » dans le monde. Par eux, le Christ veut consolider l'amour, le cristalliser, le rendre visible et solide pour ramener au Père une humanité réconciliée.

L'âne
et le puits

Un fermier qui aimait beaucoup son vieil âne le découvre un jour prisonnier au fond de son puits abandonné et asséché. Catastrophe ! Il tente de le faire sortir en glissant une échelle et des madriers dans le puits étroit, en soulevant l'âne avec des câbles et des courroies, mais rien n'y fait. Il appelle les voisins qui se trouvent bien impuissants eux aussi à sauver l'âne. Ils concluent tous ensemble qu'il ne reste qu'une solution : enterrer l'âne vivant. Chacun va donc chercher sa pelle et les fermiers commencent à jeter des pelletées de terre sur le dos de l'animal. Sentant le danger, ce dernier crie à fendre l'âme. Ses plaintes glacent le sang de ses fossoyeurs improvisés.

Après quelques minutes de travail, le silence se fait. Les fermiers s'avancent au bord du puits, croyant que l'ensevelissement est venu à bout de l'animal. Quelle n'est pas leur surprise de constater que la bête est bel et bien vivante et s'approche de l'ouverture du puits. En effet, recevant les premières pelletées sur son dos, l'âne a d'abord paniqué. Puis il a réagi en se secouant, ce qui a fait tomber la terre de chaque côté de lui. Il a grimpé sur le petit tas de terre ainsi formé et s'est soulevé. Il comprit qu'en se secouant chaque fois et en montant sur la terre qu'on lui envoie, il accélérera sa sortie !

Les fermiers continuent donc à pelleter sur le dos de l'animal qui finit par sortir complètement du puits et retourner dans son champ.

Comme l'âne, les chrétiens ont le dos large. Depuis les origines de l'Église, on leur impute toutes sortes de travers, comme en fait foi la lettre à Diognète (écrite au IIe siècle) qui décrit la situation des premiers chrétiens dans le monde : « On les méprise et dans ce mépris, ils trouvent leur gloire. On les calomnie et ils sont justifiés. On les insulte et ils bénissent. On les outrage et ils honorent. Ne faisant que le bien, ils sont châtiés comme des scélérats. [...] Les Juifs leur font la guerre comme à des étrangers; ils sont persécutés par les Grecs, et ceux qui les détestent ne sauraient dire la cause de leur haine. »

Les chrétiens et chrétiennes d'aujourd'hui, comme ceux d'hier, ne doivent pas se surprendre qu'on leur en mette beaucoup sur le dos. Ils ne s'en sortiront qu'en se secouant comme l'âne dans le puits.

Le moine
et la pierre précieuse

Un moine part en pèlerinage. Il marche seul pendant quelques jours. Un matin, au bord du chemin, il trouve une grosse pierre précieuse. Un diamant finement taillé qui vaut certainement une fortune ! Il n'y a pas âme qui vive aux alentours. Aucune trace de son propriétaire. Il le glisse donc dans sa besace et poursuit son chemin. À midi, il s'arrête à une croisée de chemins pour manger. Il s'assoit par terre, ouvre son sac et en tire son repas. Un voyageur arrivé par l'autre route lui demande s'il peut s'asseoir pour manger avec lui. Le moine accepte volontiers et la conversation s'engage. Le voyageur aperçoit alors le diamant dans le sac ouvert du moine. Ébloui par sa taille et sa beauté, il essaie d'en imaginer la valeur. Les deux hommes s'entendent sur une chose : il doit valoir une fortune colossale. Le voyageur se risque alors à demander au moine : « Me le donneriez-vous... ? » Et aussitôt, le moine répond : « Oui, bien sûr. » Le voyageur, fou de joie, reprend sa route en prenant bien soin d'envelopper le diamant et de le mettre bien au fond de son sac de voyage. Chemin faisant, il fait des tas de projets. Il voit déjà tout ce qu'il pourrait s'offrir en vendant le diamant : maison, voiture, chalet, voyages, vêtements griffés et une retraite dorée. Le moine, lui, continue sa route.

Le lendemain, le voyageur rattrape le moine sur son chemin.

« Père, Père, voici votre diamant. Je vous le rends. En retour, donnez-moi le secret qui vous a permis de vous en séparer aussi facilement ! »

La liberté intérieure du moine lui a paru plus précieuse que le diamant. Jésus avait demandé à ses disciples de la cultiver en eux parce qu'ils ne peuvent servir deux maîtres : Dieu et l'argent.

La marée

Debout sur la plage au bord de la mer, l'une après l'autre, les vagues me lèchent les orteils. Si je ne reste que quelques minutes, j'aurai l'impression qu'il n'y a pas de marée et que le niveau d'eau ne progresse pas. Je croirai que rien ne change et que chaque vague est en tout point semblable à la précédente. La marée est un phénomène imperceptible à court terme. Mais si je patiente deux heures, j'aurai de l'eau aux genoux et j'aurai tôt fait de constater que rien ne peut l'arrêter. Et quand la marée baisse, on ne craint pas que l'eau ne revienne plus jamais. On fait confiance au cycle de la nature et on attend le temps nécessaire pour que l'eau remonte.

Le Royaume de Dieu ressemble à la marée. Sa venue n'est pas toujours immédiatement perceptible. Si on ne voit pas plus loin que le bout de ses orteils, on a l'impression que le Royaume ne progresse pas, qu'on en est toujours au même point. De même, en allant célébrer le sacrement du pardon, on peut se décourager d'avouer encore les mêmes fautes, comme si, dans notre propre vie, la grâce de Dieu ne gagnait pas de terrain. Dieu a la patience des marées. Et quand on regarde derrière soi, quand on fait le bilan des dernières années, on s'aperçoit que notre expérience du Royaume s'est approfondie et que Dieu a fait monter sa grâce en nous.

En arpentant les rivages maritimes, on observe comment la mer sculpte littéralement les côtes. Les amateurs de géographie savent que c'est en se retirant que la mer qui recouvrait jadis une grande partie de notre coin de pays a produit le relief que nous connaissons aujourd'hui. Ce qui fit dire au poète allemand Friedrich Hölderlin : « Dieu fait l'homme comme la mer fait les continents, en se retirant. » Tous les grands mystiques ont un jour éprouvé douloureusement le sentiment de l'absence de Dieu dans leur vie spirituelle. Comme une marée, Dieu va et vient. Tantôt proche, tantôt lointain, il sculpte le cœur de celui ou de celle qui a mis sa confiance en lui. Et quand nous souffrons de son éloignement, il n'est pas moins proche puisqu'il nous façonne par son retrait.

En récitant les psaumes 68 et 94, je comprends mieux la « louange de la marée » : « Louez-le, cieux, terre, mers et tout ce qui y grouille. » (*Ps* 68, 35). « À lui la mer, c'est lui qui l'a faite et les terres car ses mains les ont pétries. » (*Ps* 94, 5).

Le miroir et la fenêtre

On raconte qu'un jour, une pauvre vieille grand-maman russe gardait sa petite-fille chez elle pendant quelques heures. La petite soupirait en pensant à toutes ces choses qu'elle aimerait s'offrir si elle était riche. La babouchka lui fit faire un exercice plein de sagesse.

« Regarde par la fenêtre, dit la grand-maman à sa petite-fille. Que vois-tu ?

— Je vois des gens qui passent et qui se parlent », répondit la petite.

La grand-mère saisit un miroir et le donna à sa petite-fille.

« Que vois-tu maintenant ?

— C'est moi que je vois.

— Comprends-tu maintenant ? dit la babouchka. La fenêtre et le miroir sont tous deux faits d'une feuille de verre, une vitre. Celle du miroir est couverte d'une couche d'argent, l'autre n'en a pas. Celle qui n'a pas cette couche te permet de voir les autres, celle qui est couverte d'argent fait que tu ne vois que toi. Prends garde de chercher ton bonheur dans l'argent. Si utile qu'il soit, il masque souvent le regard, il empêche de voir les autres et te conduit à ne voir que toi... »

La mise en garde de la grand-mère fait écho aux propos fréquents de Jésus sur l'argent. La parabole du riche et de Lazare est peut-être ici la plus éloquente des paroles du Maître. « Il y avait un homme riche qui s'habillait de pourpre et de linge fin et qui faisait chaque jour de brillants festins. Un pauvre du nom de Lazare gisait couvert d'ulcères au porche de sa demeure. Il aurait bien voulu se rassasier de ce qui tombait de la table du riche, mais c'étaient plutôt les chiens qui venaient lécher ses ulcères. Or le pauvre mourut et fut emporté par les anges au côté d'Abraham... » (*Lc* 16, 19-22).

Lazare gisait à la porte du riche et celui-ci ne l'a pas vu ! Mais que regardait-il donc ? Où avait-il les yeux ? Il se regardait. Ses yeux étaient tournés vers lui seul. L'argent faisait qu'il ne voyait plus les autres. Et il courut à sa perte.

L'homme d'affaires
et le pêcheur

Histoire ou légende ?

Un homme d'affaires est en vacances au bord de la mer. Au bord du quai du village, il voit s'amarrer un pêcheur qui débarque une impressionnante capture.

« Hé là, dit l'homme d'affaires, tu as pris un bien gros poisson !

— Oui, j'en suis content, dit le pêcheur.

— Si tu veux, nous allons retourner en mer tous les deux pour en prendre d'autres, dit l'homme d'affaires.

— Pour quoi faire ? demanda le pêcheur.

— Pour les revendre ensuite, tiens donc !

— Pour quoi faire ?

— Tu feras de plus gros profits !

— Pour quoi faire ?

— Ben, en faisant plus de profits, tu pourras te payer un plus gros bateau !

— Pour quoi faire ?

— Avec un plus gros bateau, tu pourras rapporter encore davantage de poissons !

— Pour quoi faire ?

— Alors, tu pourras t'engager des employés !

— Pour quoi faire ?

— Ils pourront travailler à ta place !

— Pour quoi faire ?

— Eux travaillant à ta place, tu pourras te reposer !

— C'est justement ce que je m'en allais faire », répondit le pêcheur.

Cette rencontre cocasse me rappelle la parole de Jésus à propos de l'inquiétude :

« Nul ne peut servir deux maîtres : ou bien il haïra l'un et aimera l'autre, ou bien il s'attachera à l'un et méprisera l'autre. Vous ne pouvez servir Dieu et l'argent. Voilà pourquoi je vous dis : Ne vous inquiétez pas pour votre vie de ce que vous mangerez, ni pour votre corps de quoi vous le vêtirez. La vie n'est-elle pas plus que la nourriture et le corps plus que le vêtement ? Regardez les oiseaux du ciel : ils ne sèment ni ne moissonnent, ils n'amassent point dans des greniers; et votre Père céleste les nourrit. Ne valez-vous pas beaucoup plus qu'eux ? [...] Cherchez d'abord le Royaume et le reste vous sera donné par surcroît. Ne vous inquiétez pas pour le lendemain : le lendemain s'inquiétera de lui-même. À chaque jour suffit sa peine. » (*Mt* 6, 24-26.33-34).

Le **polygonium**

Le dominicain Jean-Marie Tillard, originaire des îles Saint-Pierre-et-Miquelon, voisines de Terre-Neuve, raconte que chez lui, une plante tenace pousse envers et contre tout. Le polygonium est une plante luxuriante, voire envahissante. Ses tiges grimpent le long des murs et peuvent croître de cinq à huit mètres en une seule année. Ses feuilles nombreuses ont la forme d'un cœur. Les Saint-Pierrais ont tout fait pour s'en débarrasser. Ils l'ont arrachée, brûlée, empoisonnée. Rien n'y fait. Il suffit qu'il subsiste un petit chicot de polygonium pour que la plante reprenne ses droits et fleurisse plus que jamais. On attribue cette vivacité à une chimie particulière entre le sol saint-pierrais et le polygonium.

L'Évangile est un polygonium. Depuis deux mille ans, plus d'une fois on a voulu l'éradiquer, l'ignorer, le déformer. Peine perdue. Des centaines de millions d'hommes et de femmes de tous les continents sont inspirés et illuminés par cette parole, parfois au péril de leur vie. Et l'Église qui l'annonce résiste elle aussi aux vents contraires. Si elle se dessèche dans certains pays, elle fleurit dans d'autres. On ne parviendra pas à s'en débarrasser. Jésus l'avait promis à

Pierre : « Tu es Pierre et sur cette pierre je bâtirai mon Église, et la Puissance de la Mort n'aura pas de force contre elle. » (*Mt* 16, 18).

Dans la parabole du semeur, Jésus évoque les résultats de sa prédication. Par le grain qui tombe en bordure du chemin et que les oiseaux viennent manger avant qu'il ne pousse, Jésus symbolise l'hostilité des Pharisiens et des scribes qui sont restés fermés à sa Parole. Par le grain tombé en sol pierreux qui a poussé, mais séché rapidement, Jésus décrit l'emballement initial de certains de ses auditeurs qui ont pourtant décroché quand les exigences se sont pointées. Dans le grain étouffé par les ronces, Jésus voit la réaction de ceux et celles qui l'avaient écouté avec intérêt, mais qui se sont laissé prendre par le matérialisme et les préoccupations terrestres. Mais Jésus a aussi constaté que sa Parole avait été accueillie par un certain nombre de personnes dont la vie en a été chamboulée complètement. Il est épaté par les fruits produits. Si, dans trois cas sur quatre, sa Parole est restée sans effet, il s'émerveille que les humbles de cœur et les petits aient été comme de la bonne terre. Semé largement, l'Évangile finira toujours par tomber quelque part dans de la bonne terre malgré les résistances et la dureté du cœur de certains. Il existe une sorte de chimie particulière entre l'Évangile et le cœur humain. Il suffira d'un « petit chicot d'Évangile » planté dans de la bonne terre pour que l'Église prenne de l'essor.

La braise
et le framboisier

Les amateurs de framboises vont souvent les cueillir dans la repousse des incendies de forêt, qu'on appelle au Québec un «brûlé». En effet, la dévastation des incendies de forêt a pour heureuse conséquence de fournir les conditions favorables à la manifestation des semences de framboisiers qui dormaient en terre depuis parfois très longtemps. Certaines variétés ont ainsi veillé sous terre durant 400 ans avant de se révéler. Comme quoi même les plus grandes dévastations peuvent être fécondes.

Depuis quelques décennies, notre Église québécoise semble engagée dans une sorte de grand incendie de forêt. Beaucoup de ses ressources humaines et matérielles se consument. On voit ainsi disparaître des paroisses et des communautés religieuses qui, hier encore, produisaient de beaux fruits. Les prêtres ont vieilli et grandement diminué en nombre. Nos communautés chrétiennes n'ont pratiquement plus de lien avec les écoles et les jeunes en général. Une part grandissante des propriétés de l'Église est mise en vente. On se demande si certains diocèses ne devront pas fusionner. Aux yeux de ceux et celles qui ont connu une

Église nombreuse et bien nantie, celle d'aujourd'hui leur semble en voie d'extinction. Certains demandent : « Y aura-t-il encore une Église demain ? » C'est la dévastation.

Et s'il devait y avoir une repousse ? Et si des semences d'Église allaient se révéler grâce à cette apparence de « dévastation » ? Et si l'Esprit saint comptait profiter de la disparition d'un tas de ressources traditionnelles de l'Église pour faire pousser autre chose ? Qui peut le dire ? Et si l'Esprit saint avait prévu quelques « générations de catacombes » comme au début de l'Église ? Qui sait ce qui dort sous terre et qui n'attend qu'un incendie de forêt ecclésial pour se révéler ? Si c'est vrai des framboises, pourquoi cela ne le serait-il pas aussi de l'Église ?

Alors que j'étais responsable diocésain de la pastorale jeunesse, je suis allé rencontrer le conseil de pastorale d'une paroisse intéressée à faire plus de place aux jeunes. À la fin de la soirée, un jeune contrôleur aérien de 25 ans, membre du conseil, m'a fait cette remarque pleine d'espérance : « Toi, au fond, ton travail est simple. C'est de faire en sorte qu'il y ait encore de la braise chez un certain nombre de jeunes. Quand l'Esprit saint décidera de souffler là-dessus, le feu va reprendre. » Personne d'entre nous n'a les moyens et le pouvoir de recréer l'Église forte d'autrefois. Mais dans une Église du petit nombre, nous avons notre part à faire pour qu'au moins quelques-uns parmi les générations qui montent aient le cœur tout brûlant au contact du Christ, comme les disciples d'Emmaüs. Le souffle de l'Esprit fera le reste.

Le porte-musc

Le musc est une des rares matières naturelles animales dont on se sert dans la fabrication des parfums. À poids équivalent, sa valeur marchande est de trois à cinq fois plus élevée que celle de l'or. On l'extrait d'une sorte de cerf de petite taille appelé « porte-musc » qui paît sur les hauts plateaux de l'Extrême-Orient et sur les flancs de l'Himalaya. Il erre d'une forêt à l'autre et bondit de rocher en rocher. Il perçoit une odeur de parfum qui va le poursuivre partout. À force d'en chercher l'origine, il s'épuise et s'écroule. Mais juste avant de mourir, il a un geste de pitié envers lui-même : il se lèche le poitrail. Et c'est alors que se crève la poche de musc située sous son abdomen et qu'il découvre que ce parfum qu'il cherchait en dehors de lui-même, il le portait en lui.

Le porte-musc ressemble à tant de gens engagés dans une course effrénée au bonheur qui s'étourdissent à le chercher en dehors d'eux-mêmes. Ils croient le trouver dans l'argent, dans l'accumulation de biens matériels de toutes sortes ou dans la promotion professionnelle qui leur donnera du pouvoir. Comme le porte-musc sur les rochers, ils bondissent d'une aventure sentimentale à l'autre, excités par le parfum d'éternité qui les poursuit jour après jour. Emprisonnés dans l'activisme, ils ne donnent aucun répit à leur esprit et cherchent satisfaction dans la consommation. Tout cela me rappelle les mots d'Augustin qui ont inspiré au prêtre chanteur Robert Lebel une chanson : « Je t'ai cherché longtemps, je t'ai cherché partout, je te croyais dehors, tu étais au-dedans... »

Les baptisés sont comme le porte-musc. Au jour de leur baptême, le parfum du saint-chrême a pénétré en eux à jamais. Toute leur vie, ils poursuivent la bonne odeur du Christ. C'est d'abord en eux qu'ils en trouveront l'origine et, à leur mort, elle leur sera totalement révélée.

L'homme
enseveli
par l'avalanche

Aux États-Unis, un homme enseveli par une forte avalanche perd connaissance. Reprenant ses sens, il se rend compte de sa détresse. Il se met au travail pour se dégager. Au bout de quelques heures, il n'a pas l'impression d'avoir beaucoup progressé. Il doute qu'un jour il retrouvera l'air. Il persiste pourtant parce qu'il a mystérieusement perçu le parfum de sa femme. Cette «odeur» décuple ses motivations. Après vingt-deux heures de travail acharné, il se dégage enfin, mais au même moment, une deuxième avalanche le recouvre d'un mètre de neige. Toujours habité par le souvenir du parfum de sa femme, il reprend le boulot et se dégage de nouveau.

Cette situation à la fois dramatique et cocasse peut nous aider à comprendre les méandres de la vie chrétienne. Le chrétien est marqué et motivé par un parfum, celui du Christ symbolisé par le saint-chrême reçu à son baptême et à sa confirmation. Oint comme le Christ, il *se dégage* toujours de tous les ensevelissements qui pourraient l'anéantir. Vainqueur de la mort par son alliance avec le Christ, il sait comme saint Paul que rien ne nous séparera de l'amour du Christ, ni «la tribulation, l'angoisse, la persécution, la faim, la nudité, les périls, le glaive. [...] En tout cela nous sommes les grands vainqueurs par celui qui nous a aimés.» (*Rm* 9, 35.37). Paul ajoute du même souffle : «Oui, j'en ai l'assurance, ni mort ni vie, ni anges ni principautés, ni présent ni avenir, ni puissances, ni hauteur ni profondeur, ni aucune autre créature ne pourra nous séparer de l'amour de Dieu manifesté dans le Christ Jésus notre Seigneur.» (*Rm* 9, 38-39).

Portant en lui le parfum du Christ, il *dégage* à son tour la bonne odeur de Dieu, le parfum de sa bonté gratuite. Il est lui-même un indice de Dieu pour les autres, ce qui fait dire à l'écrivain français Christian Bobin : «Tout ce que je sais du ciel me vient de l'étonnement que j'éprouve devant la bonté inexplicable de telle ou telle personne, à la lumière d'une parole ou d'un geste si purs qu'il m'est soudain évident que rien au monde ne peut en être la source.» (Christian Bobin, *Ressusciter*).

Enfin, si le chrétien *se dégage* et *dégage*, il *s'engage* aussi tout autant. L'apôtre Jacques le dit bien dans sa lettre : «À quoi cela sert-il, mes frères, que quelqu'un dise : "J'ai la foi", s'il n'a pas les œuvres ? Si un frère ou une sœur sont nus, s'ils manquent de leur nourriture quotidienne, et que l'un d'entre vous leur dise : "Allez en paix, chauffez-vous, rassasiez-vous", sans leur donner ce qui est nécessaire à leur corps, à quoi cela sert-il ? Ainsi en est-il de la foi : si elle n'a pas les œuvres, elle est tout à fait morte. Au contraire, on dira : "Toi, tu as la foi, et moi, j'ai les œuvres ? Montre-moi ta foi sans les œuvres ; moi, c'est par mes œuvres que je montrerai ma foi."» (*Jc* 2, 14-18).

L'essoreuse
à laitue

Qui n'a pas dans sa cuisine une essoreuse à laitue? Pour séparer l'eau de la laitue mouillée, on la place dans le bac grillagé de l'essoreuse, on referme le couvercle et on actionne la manivelle qui fait tourner le bac grillagé. Il se crée alors une force centrifuge qui projette le contenu vers l'extérieur mais, le grillage retenant la laitue, seule l'eau est évacuée. La laitue en ressort donc relativement asséchée.

Belle image pour comprendre la dimension missionnaire de l'Église. Elle aussi est soumise à une force « centrifuge » : l'Esprit saint. Son rôle est de projeter les chrétiens vers le dehors, vers l'extérieur. Leur tendance naturelle est plutôt de se replier sur eux-mêmes. Or, l'Église ne sera plus l'Église le jour où elle restera fermée sur elle-même. Déjà au concile Vatican II, elle en avait repris conscience. L'évangile de Matthieu se termine d'ailleurs par cet envoi missionnaire : « Allez donc, de toutes les nations faites des disciples, les baptisant au nom du Père, du Fils et du Saint-Esprit, leur apprenant à garder tout ce que je vous ai prescrit. » (*Mt* 28, 19). Le mystère de la Pentecôte a rendu évidente l'action de l'Esprit comme force centrifuge de l'Église. Les Apôtres investis par lui quittèrent « le lieu où ils étaient enfermés » pour répandre la Bonne Nouvelle au prix même de leur vie. Paul aussi, sans être des Douze, a participé à cette Pentecôte en faisant de sa vie un perpétuel mouvement missionnaire. Il a stimulé l'annonce de l'Évangile à ceux et celles du dehors, les non-Juifs, au point qu'il déclarait : « Malheur à moi si je n'annonce pas l'Évangile. » (*1 Cor* 9, 16).

Tout chrétien entend cet appel et ne peut vivre sa foi en vérité que s'il cherche à la diffuser, à la proposer à d'autres. Même dans les diocèses où l'on manque de ressources humaines pastorales, il faut garder le souci missionnaire et accepter que des hommes et des femmes se consacrent aux besoins pastoraux « extérieurs », au loin, alors même qu'on aurait tant besoin d'eux ici. La santé de notre Église peut se mesurer à l'ardeur de son élan missionnaire. Quand il décroît, ne peut-on pas se demander si elle se laisse transporter par la force centrifuge, l'Esprit saint ?

La déchiqueteuse
et la paille

Pour modifier la crèche de Noël et lui donner plus de profondeur théologique, on peut tenter l'expérience suivante. À l'occasion de la célébration communautaire du pardon précédant Noël, on distribue aux participants des crayons et des feuilles de papier doré (la moitié d'une feuille de format lettre). Les gens écrivent discrètement leurs fautes sans signer la feuille. En allant rencontrer le prêtre, ils déposent leur feuille anonyme dans un panier. Après l'aveu de tous les participants, le président d'assemblée place bien en vue une déchiqueteuse sur un panier à papier, comme on en trouve dans les secrétariats. Puis il passe les feuilles d'aveu des pénitents dans la déchiqueteuse. Il en sort une « paille » dorée qu'on étend ensuite au fond de la crèche. Et c'est sur cette paille de nos fautes qu'on déposera l'enfant Jésus à la messe de Noël. Tout est en place pour l'homélie de Noël qui commentera comment, en Jésus, Dieu naît au cœur de notre faiblesse, dans nos péchés, pour nous en relever. Déjà alors se profile la signification de la fête de Pâques, sommet de la réconciliation offerte par Dieu dans la mort et la résurrection de son Fils.

Cette astuce pédagogique ouvre différentes perspectives. En plus de symboliser le sens de l'Incarnation et de la Rédemption, elle évoque la situation actuelle et prochaine de l'Église. En effet, c'est grâce à la naissance de Jésus que l'Église a vu le jour. D'une certaine façon, elle aussi est née sur la paille... et justement, elle est en train d'y retourner ! Il n'y a qu'à regarder l'appauvrissement d'un grand nombre de paroisses et de diocèses, la disparition de communautés religieuses, la forte réduction des ressources humaines et financières, la fermeture d'un nombre grandissant d'églises pour reconnaître que la paille n'est pas loin. Mais en même temps, cet appauvrissement sera salutaire. Dieu est né sur la paille et demeure proche de ceux qui sont sur la paille. En nous retrouvant davantage « sur la paille », je crois que nous ferons une expérience inédite de Dieu. Nous sentirons sa présence plus proche. Nous retrouverons ce que le cardinal Carlo Maria Martini appelait « le primat de Dieu » c'est-à-dire le réflexe de considérer Dieu avant tout, de le préférer à tout et de ne compter que sur lui en toutes circonstances.

Les baguettes et les bretzels

L'expérience suivante est à la fois amusante et révélatrice d'une dimension fondamentale de la foi chrétienne. Autour d'un bol de bretzels ronds (on comprendra plus loin pourquoi on ne peut utiliser des bretzels en forme de petits bâtonnets), on réunit trois personnes munies chacune de deux baguettes de bois d'un moins un mètre de longueur qu'elles doivent tenir par leur extrémité. Le défi consiste à saisir un bretzel par l'autre extrémité des baguettes et à le manger. En tout temps, le bretzel doit rester à l'extrémité des baguettes. Il est interdit de le faire glisser le long des baguettes pour le rapprocher des mains et alors de la bouche. Les baguettes étant trop longues, les participants réalisent rapidement qu'ils sont incapables de faire entrer dans leur bouche le bretzel qu'ils ont saisi par leurs baguettes. Le seul moyen d'en manger, c'est d'offrir à un autre le bretzel qu'ils tiennent au bout de leurs baguettes et que l'autre en fasse autant avec eux. Morale de l'histoire : l'objectif ne peut être atteint que si l'on fait passer l'autre avant soi et qu'on accepte de compter sur lui.

L'autre, c'est l'obsession de Jésus que nous rapportent les évangiles. Dans le célèbre passage appelé « le Jugement dernier » (*Mt* 25, 31-46), Jésus s'identifie à l'autre à qui on donne des vêtements, qu'on nourrit, qu'on abreuve, qu'on visite quand il est en difficulté. « Dans la mesure où vous l'avez fait à l'un de ces petits qui sont mes frères, c'est à moi que vous l'avez fait. » Ailleurs, il dit : « Si quelqu'un veut venir à ma suite, qu'il se renie lui-même, qu'il se charge de sa croix et qu'il me suive. Qui veut en effet sauver sa vie la perdra mais celui qui perd sa vie à cause de moi et de l'Évangile la sauvera. » (*Mc* 8, 34-35). S'oublier pour un autre est la meilleure façon de s'épanouir. Le prêtre et psychanalyste français Tony Anatrella le disait autrement : « Le plus court chemin vers soi, c'est l'autre. » Par sa façon de vivre et de mourir, Jésus a incarné à la perfection ce paradoxe de la vie chrétienne.

Les **trois bougies** et l'**accord** de **ré**

Allumez trois bougies identiques. Malgré leur ressemblance, elles sont différentes, uniques. Chacune des flammes danse à sa façon selon les courants d'air ou la longueur de sa mèche. Chacune comporte une zone jaune, et en son centre, une bleue où la chaleur se fait plus intense. Joignez maintenant les trois bougies de manière à ce que les trois zones bleues se confondent. Les trois flammes ne sont pas juxtaposées ou superposées : les trois ne font plus qu'une seule et même flamme jaune avec un seul centre bleu. Elles brûlent toutes les trois d'un même feu. Elles s'unissent au point de ne faire qu'une. Pourtant, quand vous les séparez, elles retrouvent leur caractère unique, leur « personnalité » en un certain sens.

La foi chrétienne affirme qu'il n'y a qu'un seul Dieu, mais en trois personnes. Alors, comment peut-on être un et trois en même temps ? En brûlant d'un même feu, comme les bougies. Et ce feu, c'est celui de l'amour. Le Père, le Fils et l'Esprit brûlent du même feu, du même amour parfait qui les tourne l'un vers l'autre. Chacun est ce qu'il est, mais parfaitement uni aux deux autres par un amour sans faille.

On comprend mieux alors les mots de Jésus et l'insistance de l'évangéliste Jean sur l'unité : « Je suis dans le Père et le Père est en moi » (*Jn* 14, 11). « Qui m'a vu a vu le Père. » (*Jn* 14, 9).

Une seconde expérience va dans le même sens. Observez un guitariste faire un accord de ré. Des doigts de sa main gauche, il pince trois cordes et de son pouce droit, il frotte ces trois cordes et une autre en plus. S'il fait vibrer chacune de ces quatre cordes séparément et distinctement, quatre notes bien différentes se feront entendre. Mais s'il fait vibrer les quatre cordes d'un seul mouvement descendant du pouce droit, les quatre notes se fondront en un seul et même accord de ré, comme si la guitare n'émettait qu'une seule note. L'accord trinitaire est ainsi fait. Le Père émet sa propre note d'amour, le Fils et l'Esprit aussi. Mais entre eux il y a un tel accord qu'ils ne font qu'un, comme un accord de ré. La quatrième corde de l'accord trinitaire, c'est l'humanité et donc l'Église. Le Seigneur désire que toute personne entre dans son amour trinitaire. « Que tous soient un comme toi, Père, tu es en moi et moi en toi, qu'eux aussi soient avec nous. [...] Moi en eux et toi en moi afin qu'ils soient parfaits dans l'unité. » (*Jn* 17, 21.23). Le Seigneur nous veut en accord avec lui, même si parfois nous échappons des fausses notes...

Le bloc de marbre de Michel-Ange et le vase brisé d'Hokusaï

Dans son savoureux petit bouquin intitulé *Les sept dernières paroles du Christ*[2], le dominicain Timothy Radcliffe rapporte deux exemples similaires pour illustrer les effets du pardon de Dieu.

Histoire ou légende? On dit que le célèbre Michel-Ange mit la main sur un morceau de marbre qui ne payait pas de mine, morceau qu'un autre sculpteur avait d'abord voulu utiliser, mais qu'il avait abandonné. Michel-Ange fit de ce rejet une œuvre fabuleuse en y sculptant son fameux David, exposé à Florence. Le Seigneur fait la même chose avec nous. Lui seul perçoit notre véritable valeur et sait comment tirer de nous le meilleur. Son pardon fait de nous une œuvre nouvelle qui dépasse tout ce que nous aurions pu imaginer. Il voit plus clair en nous que nous-mêmes. Quand nos péchés nous font croire que nous ne valons plus rien, le sculpteur par excellence nous révèle notre originalité et notre potentiel. N'est-ce pas ce que tout pénitent aimerait expérimenter

---

2. Timothy RADCLIFFE, *Les sept dernières paroles du Christ*, Paris, Cerf, 2004, 119 p.

dans le sacrement du pardon ? Ne souhaite-t-il pas être transformé et voir émerger du fond de lui-même ce que le Créateur a déposé ?

Au XVIIIe siècle, un grand artiste japonais nommé Hokusaï peignait des vases de grande valeur. Sur l'un d'eux, il peignit le Fuji-Yama, la magnifique montagne sacrée. Par inadvertance, quelqu'un fit un jour tomber le vase. Horreur ! Un vase d'un tel prix ! Quelle perte inestimable ! Quel gâchis et quel gaspillage ! Mais le peintre ramassa les morceaux et, patiemment, les recolla un à un. Cependant, pour immortaliser ce qui était arrivé au vase, la blessure subie qui ferait désormais partie de son histoire, il délimita chaque morceau avec un fil d'or. Résultat : le vase était plus beau que jamais et il avait doublé de prix.

J'aime imaginer le Seigneur comme un artiste ramassant nos morceaux quand nous lui présentons nos fautes dans le sacrement du pardon. Sa créativité est telle que nos gâchis deviennent pour lui des occasions de faire doubler notre valeur. Il sait nous rendre plus beaux en nous réunifiant comme les morceaux d'un vase brisé. Cette blessure dans notre histoire avec lui devient notre force. Il tourne à notre avantage les fautes commises. Son pardon nous fait devenir plus.

L'orchidée

L'orchidée est une fleur fascinante. On estime qu'elle fait partie des plus belles fleurs du monde. Il en existe des milliers de variétés. Grâce à l'air et à la lumière, elles poussent dans des endroits surprenants : débris de feuilles, troncs d'arbres morts et pourris, milieux organiques en décomposition. Quel heureux contraste qu'une fleur qui coûte si cher (plus de 7 $ l'unité) grandisse dans des lieux de mort ! N'y a-t-il pas là une merveilleuse annonce de la victoire de la vie sur la mort ?

Les baptisés sont autant d'orchidées. Ils ont coûté très cher puisque Dieu a versé le sang de son Fils pour eux. On en compte différentes variétés : catholiques, protestants, anglicans, orthodoxes. Ils ont poussé à partir d'un arbre mort : Jésus crucifié. Leur vitalité leur vient du fait qu'ils sont cependant greffés au Christ ressuscité de qui ils reçoivent leur part de lumière. Grâce à elle, ils poussent dans des milieux parfois en décomposition. Mère Teresa en a été un bel exemple au milieu des mourants et des gens abandonnés de Calcutta.

À cause de la résurrection du Christ qui est leur souche, les baptisés colportent leur espérance indéfectible dans la victoire de la vie. Dans toute situation de mort ou de souffrance, ils se dressent parce qu'ils ont confiance que la vie en surgira malgré tout. Par exemple, si le suicide d'un proche les affecte, ils ont confiance que le Seigneur fera jaillir de la vie quand même. Victimes d'un échec scolaire ou financier, ils cherchent un signe qui leur permettra un dépassement ou un changement d'orientation. Ils révisent leurs priorités et trouvent en eux la force que donne le Ressuscité pour traverser n'importe quelle épreuve. Que surgisse une difficulté avec leurs enfants, ils y voient une occasion donnée par le Seigneur de faire grandir leur patience et leur espérance en demain. Même devant leur propre mort ils ne désespèrent pas, car ils se savent attendus par le Dieu de la joie qui ne veut qu'une vie en abondance pour ses enfants.

Comme les orchidées, les chrétiens voient dans toute situation de « décomposition » une occasion de croissance. Le bois mort est porteur de vie.

Mathématiques
et trinité

L'addition la plus simple nous plonge en plein mystère de la Trinité. Même un petit enfant apprend très tôt que 1 plus 1 plus 1 font 3. Comment peut-on en arriver à dire que le Père, le Fils et l'Esprit ne font qu'un? Ne sont-ils pas trois personnes? Comment pourraient-ils ne faire qu'une? Toute mon enfance, j'ai été frustré de m'entendre répondre que c'est un mystère et donc qu'il ne fallait pas essayer de comprendre. Un mystère, c'est, disait-on, quelque chose qu'on ne peut pas comprendre. Cette réponse ne me satisfaisait pas. Dieu ferait-il fi des mathématiques les plus élémentaires? À force de lire la Bible et de fréquenter le Seigneur, j'ai compris où était mon erreur. Dès le récit de la Création, Dieu dit à l'homme et la femme faits à son image: «Multipliez-vous!» Le Créateur n'est pas le Dieu de l'addition. Il ne juxtapose pas les êtres sans lien entre eux. Sa Création n'est pas la simple addition des créatures. Il ne nous attend pas non plus avec une «addition» comme un serveur de restaurant à la fin d'un repas. Dieu donne gratuitement et ne réclame jamais de paiement.

Il n'est pas davantage un Dieu de la soustraction puisqu'il ne soustrait personne à son amour. À tous et toutes il tend la main comme Jésus à la Cananéenne, à la Samaritaine, au centurion romain, à Nicodème, à Pierre qui le renie, à Matthieu le collecteur d'impôts, au brigand crucifié avec lui. Il invite à l'amour des ennemis, à ne juger personne. « Il fait briller son amour sur les bons comme sur les méchants », disait Jésus.

Il n'est certainement pas non plus un Dieu de la division. Il déjoue Satan, le diable (du grec *diabolos* qui veut dire « celui qui divise »). Jésus a recherché l'unité comme son Père. Il voulait que tous soient un, comme lui avec son Père. Il n'est pas le Dieu de l'addition, ni de la soustraction, encore moins de la division. Il est le Dieu de la multiplication. Alors, tout s'éclaire : 1 fois 1 fois 1, ça fait bien 1, n'est-ce pas ? Une fois le Père, une fois le Fils et une fois l'Esprit, cela ne fait toujours qu'un parce que les personnes qui s'aiment multiplient. Jésus l'a bien illustré en multipliant les pains, les guérisons, les pardons, le vin des noces, les signes de confiance en demain. À l'exemple du Créateur, Jésus s'est révélé un être d'abondance, de profusion et de don total.

L'Esprit achève cette œuvre en insufflant la respiration trinitaire aux cœurs ouverts. Pour faire un avec Dieu comme le font le Père, le Fils et l'Esprit, il faut multiplier comme eux. Cessons d'additionner, de calculer, de rechercher l'équation entre ce que nous donnons et ce que nous recevons. Cessons de soustraire en faisant des petits clubs fermés avec nos amis et voisins ou en exerçant du racisme et des discriminations.

Fuyons les divisions qu'engendre un esprit de rivalité, de comparaison et de jalousie. Et comme Dieu, multiplions...

L'oreille, le dé et la suite de six

René Barjavel, dans son bouquin *La faim du tigre*, décrit l'oreille humaine. Cet organe extraordinaire comporte trois parties : l'oreille externe, l'oreille moyenne et l'oreille interne. L'oreille externe est faite du pavillon qui grandit avec l'âge (et la surdité !) pour capter les ondes qu'il transmet au tympan à la manière d'une minuscule antenne parabolique. L'oreille moyenne transmet la vibration par trois os minuscules : le marteau, l'enclume et l'étrier. La trompe d'Eustache (petit canal de dérivation), quant à elle, garde la pression égale à l'intérieur comme à l'extérieur de l'oreille. L'oreille interne nous fait passer de l'atelier d'horloger au laboratoire électronique. Trois canaux semi-circulaires assemblés chacun dans une des trois dimensions logent le centre de l'équilibre. Le labyrinthe en forme de coquillage enroulé contient le liquide qui transmet les vibrations aux cellules nerveuses qui les transforment en influx nerveux dirigé vers le cerveau par le nerf auditif. Ce qui n'était qu'une bouillie vibratoire est devenu une mosaïque sonore construite, claire, profonde et colorée. L'oreille est le résultat d'un raffinement du fonctionnement mécanique, acoustique, électrique, chimique, sanguin, osseux, musculaire, nerveux, liquide, solide et gazeux. Et dire que nous en avons deux pour le même prix ! C'est un ensemble conçu, pensé, organisé. Par qui ? Qui a produit une telle organisation subtile ? Le hasard ? Le hasard ne construit pas de façon organisée. Et si c'était le hasard qui avait produit une oreille aussi performante, il faudrait que cela en soit tout un pour que tous les morceaux se soient mis en place juste comme il le faut !

C'est comme si, avec un dé, on essayait de faire mille fois de suite le chiffre 6. Quel hasard si on y parvenait ! Il en faudrait un aussi grand, sinon plus, pour que les morceaux de l'oreille se soient organisés comme ils le sont. Et ce que nous disons de l'oreille humaine est vrai de tant d'éléments du corps humain, de la nature et du cosmos. Tout cela nous met sur la piste de Dieu, du Créateur et de son intelligence infinie qui transparaît dans l'ordre visible. Et cet être unique est facile à rencontrer. Il suffit de suivre le conseil de Jésus : « Quand tu veux prier, retire-toi dans ta chambre, ferme la porte et adresse ta prière à ton Père qui est là dans le secret. Et ton Père qui est là dans le secret te le revaudra. » (*Mt* 6, 6). L'inventeur de l'oreille humaine nous tend la sienne à tout instant. Il ne demande qu'à nous écouter.

L'aimant

Savez-vous comment on fabrique un aimant? On soumet un morceau d'acier à une très forte puissance électrique. Un champ magnétique se forme autour de lui de sorte qu'il peut attirer désormais d'autres morceaux de fer. Il devient magnétique à son tour. Cette expérience de physique me rappelle les conséquences de la résurrection de Jésus.

Le Christ est un « aimant » dans les deux sens du terme. D'abord, il est le « participe présent » de l'amour de Dieu, « Dieu aimant en personne ». Il est celui qui aime avec la toute-puissance de l'amour du Père. À son baptême et plus tard, lors de sa Transfiguration, la voix du Père s'est fait entendre : « Celui-ci est mon Fils bien-aimé qui a toute ma faveur : écoutez-le. » (*Mt* 17, 5). Ceux qui ont croisé sa route avec un cœur ouvert ont senti en lui ce « condensé » de l'amour de Dieu. Ensuite, Jésus est un aimant au sens où il est attirant. Il exerce un magnétisme inégalé et sa mission consiste à tout ramener vers le Père. Dans l'évangile de Jean, Jésus affirme : « Quand je serai élevé de terre, j'attirerai à moi tous les hommes. » (*Jn* 12, 32). Qu'est-il en train de dire sinon que sa Pâque fera de lui un « aimant » ? L'identité de Jésus évoquée à son baptême et dont la Transfiguration donnera un aperçu a été totalement dévoilée par la résurrection. En elle, Jésus crucifié, comme un morceau d'acier exposé à une grande puissance électrique, a été soumis à la puissance d'une extraordinaire force d'amour, l'Esprit saint, qui en a fait l'aimant par excellence. Par sa résurrection, Jésus le Christ est déjà entré dans la réalité de la fin des temps et c'est de là qu'il nous attire à lui. Il est, par la résurrection, ce que nous deviendrons, ce vers quoi nous allons, mais surtout celui vers qui nous allons. La parousie est commencée, le jour du Seigneur s'est levé. Nous hériterons du futur. C'est de là qu'il vient à nous en nous aimant et nous aimantant (pour ne pas dire « nous aimant tant ! »). Le théologien québécois Paul Tremblay comparait le Ressuscité à un moteur qui tire le monde et l'histoire vers leur fin. Il veut nous faire entrer complètement dans cette vie d'éternité que nous goûtons parfois à travers de trop brefs moments de communion profonde avec d'autres et avec le cosmos.

Le **vitrail**

Quand on longe les murs extérieurs d'une église ancienne, on remarque à peine les vitraux qui les ornent. De l'extérieur en effet, les vitraux n'attirent pas l'attention. Ils sont gris et ternes. On devine qu'ils représentent une quelconque image ou une scène biblique, mais on ne peut dire de l'extérieur de quoi il s'agit. Si on se donne la peine d'entrer par une journée ensoleillée, on est émerveillé de ce que les vitraux révèlent. Seule la lumière qui les traverse peut leur rendre justice. Illuminés par le soleil, les vitraux nous parlent et déballent leurs secrets.

L'Église est comme un vitrail. De l'extérieur, à ceux et celles qui ne la connaissent pas, elle peut apparaître grise et terne. Certains n'en voient que la structure, l'aspect institutionnel, les dogmes et les interdits. Ses traditions et ses rites en effraient d'autres et peuvent masquer son vrai visage. À la manière d'un vitrail, il faut voir l'Église de l'intérieur pour l'apprécier. Quand on fréquente une communauté chrétienne digne de ce nom, quand on prend part à sa vie et à sa liturgie, quand on cherche Dieu avec un cœur d'enfant, l'Église nous apparaît tout autrement parce qu'alors, la lumière de Dieu la traverse et nous en fait voir le cœur. Dans mon entourage ou dans les médias, j'entends souvent des gens juger l'Église. La plupart du temps, ces critiques proviennent de gens qui ne la connaissent pas de l'intérieur et qui, de leur propre aveu, n'ont pas été touchés par la lumière de Dieu. Ils n'ont pas d'expérience d'une communauté chrétienne accueillante et célébrante que la lumière du Seigneur traverse. Quand des gens s'étonnent de me voir me consacrer à l'Église, je voudrais les emmener rencontrer des groupes bibliques que je connais, des rassemblements de jeunes, des équipes de prêtres, des mouvements pour couples ou des communautés religieuses. Je voudrais qu'ils entendent les propos des personnes dont je suis l'accompagnateur spirituel ou qu'ils interrogent un moine. J'aimerais leur présenter tant de femmes admirables qui, comme autant de Marie-Madeleine, nourrissent une profonde affection pour le Seigneur et annoncent la présence du Ressuscité. Vue de l'intérieur, l'Église est tellement plus belle.

Les autres aussi sont comme des vitraux. Si on ne les regarde que de l'extérieur, on risque fort d'être injuste. C'est dans la lumière de Dieu qu'on les voit sous leur vrai jour. C'est en les regardant comme Dieu les regarde que leur véritable identité nous apparaît. J'en prends conscience chaque fois que je donne le sacrement du pardon. Dans l'humble vérité de cette rencontre, les pénitents me permettent de les voir de l'intérieur. Et alors, je ne suis jamais déçu. Dans la lumière de la miséricorde, je vois leurs plus belles couleurs et, comme des vitraux, ils me révèlent le mystère de Dieu.

Table
des matières